奇跡の首なでマッサージ

S@O代表
木村沙織

自由国民社

その効果、整形級！奇跡の「首なでマッサージ」とは

この本でご紹介する**「首なでマッサージ」**は、自宅やオフィスなどで場所を選ばず手軽に、しかも器具を使用することもなく行えるマッサージ法です。

毎日5分、首なでマッサージによるリンパケアを積み重ねることにより、**見た目が美しく小顔になる**だけではなく、**免疫力や代謝もアップ**し、**疲れにくく痩せやすい体質改善**へ導き、**病気の予防**にも繋がります。

2020年から感染者が増加傾向にある新型コロナウイルスも、免疫力が高いと感染しにくいとお医者さんも発言しており、テレビやニュースで報道されています。免疫力を高める一つの方法として、どこでも気軽にできる「首なでマッサージ」を皆さんにも今日からぜひ始めて頂きたいです。

これからリンパが密集する「首」を中心にマッサージすることで、顔のリフトアップなど「若く見られたい！」と考える女性たちに、ご自身でできるリンパマッサージの技術をわかりやすく伝授します。

女性の悩みである「顔のたるみ（二重あご）」「シワ（ほうれい線）」「疲れ顔」など、自分の手だけでできるマッサージにもかかわらず**整形級に変わる**ことが可能です。

マッサージは**朝晩それぞれ5分**程度。

「いつまでも美しく、若くありたい」
「できてしまったシワやたるみをなんとかしたいけれど、整形を受けるまでの勇気とお金もない」

そんな方が簡単に「自分の手だけを使って」「首をなでるだけ」で変わることができるリンパマッサージ技術を学び、実践で続けられる内容になっています。

「エステサロンで受ける施術を自宅でも取り入れることで、より美しく健康になってほしい」

そうした思いから、サロンで施術している方法を本書にまとめました。

顔のリフトアップ、シワ・たるみがなくなる、小顔、目が大きくなる、鼻筋が通る、くすみがとれる、イボの予防、首が細くなる、首のシワがなくなる、肩こり改善、疲労緩和、といった女性が気になるさまざまな悩みを、**自分で解消することができます。**

整形・行き過ぎたダイエット・器具に頼る顔やせなどリスクを伴う施術が多い中、首なでマッサージなら、**自分の手だけで10年前の若い頃の顔に戻ることができる**のです！

こんなに簡単な方法があったんです！

エステ経歴を10年積み上げて気づいてしまった

その**マル秘の方法**を、

本書ではわかりやすく写真付きで教えています。

すべては

「健康で美しく楽しい人生を、みなさんが送れますように」

そんな想いを込めて書いた一冊です。

目次

その効果、整形級！　奇跡の「首なでマッサージ」とは　2

第1章 首をなでるだけで顔が若返るのはなぜ？

首をなでるとリンパが流れる！　12
とても大事な「リンパ」の働き！　14
リンパと老廃物の関係――リンパが停滞するとどうなるか？　19
リンパを流すには、マッサージが大切！――カギは筋肉収縮　20
首から鎖骨、胸へのマッサージで老廃物の70％が流れる！　22

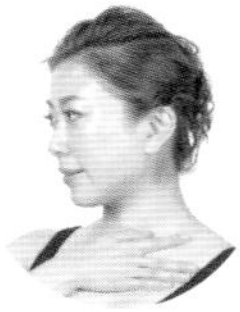

第2章 S@O式「首なでマッサージ」の効果を実感！

Yさん 50代 26
Mさん 30代 28
Hさん 20代 30
若見えのポイント4つ
「ゆがみなし」「たるみなし」「目を大きく」「肌を明るく」 32

第3章 首なでリンパマッサージで得られる効果

顔のリフトアップ（二重あご改善） 34

小顔　34
シワ・たるみがなくなる
（ほうれい線、ゴルゴ線、マリオネット線が消える）　35
目が大きくなる　36
鼻筋が通る　37
くすみがとれる　37
イボの予防　38
首が細くなる　39
首のシワがなくなる　39
疲労緩和（肩、背中などに溜まった疲労の回復）　40
免疫力アップ（細菌やウイルスの攻撃を防ぐ、花粉症改善）　41

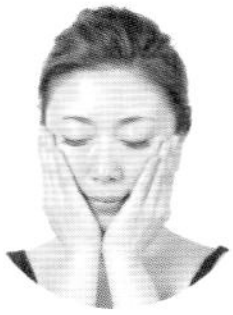

第4章 自分の手は一番優しい美顔器

首のマッサージの時に使いたいクリーム・オイル・ジェル 44

第5章 S@O式「首なでマッサージ」メソッド

全体の老廃物流し 48
あごのたるみ改善 マリオネットラインを消す 53
エラはりを小さくする 56
ほうれい線の改善 59
頬全体のリフトアップ・くすみ改善 64

顔全体のリフトアップ　70
小鼻を小さく・花粉症改善　73
鼻を高くする　76
目をぱっちり まぶたのたるみ・目尻のシワ・ゴルゴライン改善　78
眉間のシワ改善　82
おでこのシワ改善　84
顔のむくみ改善　88

エピローグ　美も健康も、要の首をやさしくなでることがすべて　89

第1章

首をなでるだけで
顔が若返るのはなぜ？

首をなでるとリンパが流れる！

リンパは全身に張り巡らされていますが、なかでも人の首には100から200くらいの多くのリンパ節が存在するといわれています。

その大もとは左の鎖骨のところにあるリンパ節で、全身の老廃物の70％がろ過され、静脈に老廃物が流されていくことで、体内の循環が成り立っています。

ただし、顔の老廃物は右の鎖骨のところにあるリンパ節に多く流れ込むため、こちらのリンパ節を刺激することも重要です。

つまり、顔のアンチエイジングには

「右の鎖骨をなでて、顔より上の老廃物を流し」にくわえて

「左の鎖骨をなでて、全身の老廃物を流す」つまり「左右の鎖骨＝首全体をなでる」ことで絶大な効果が現れるのです。

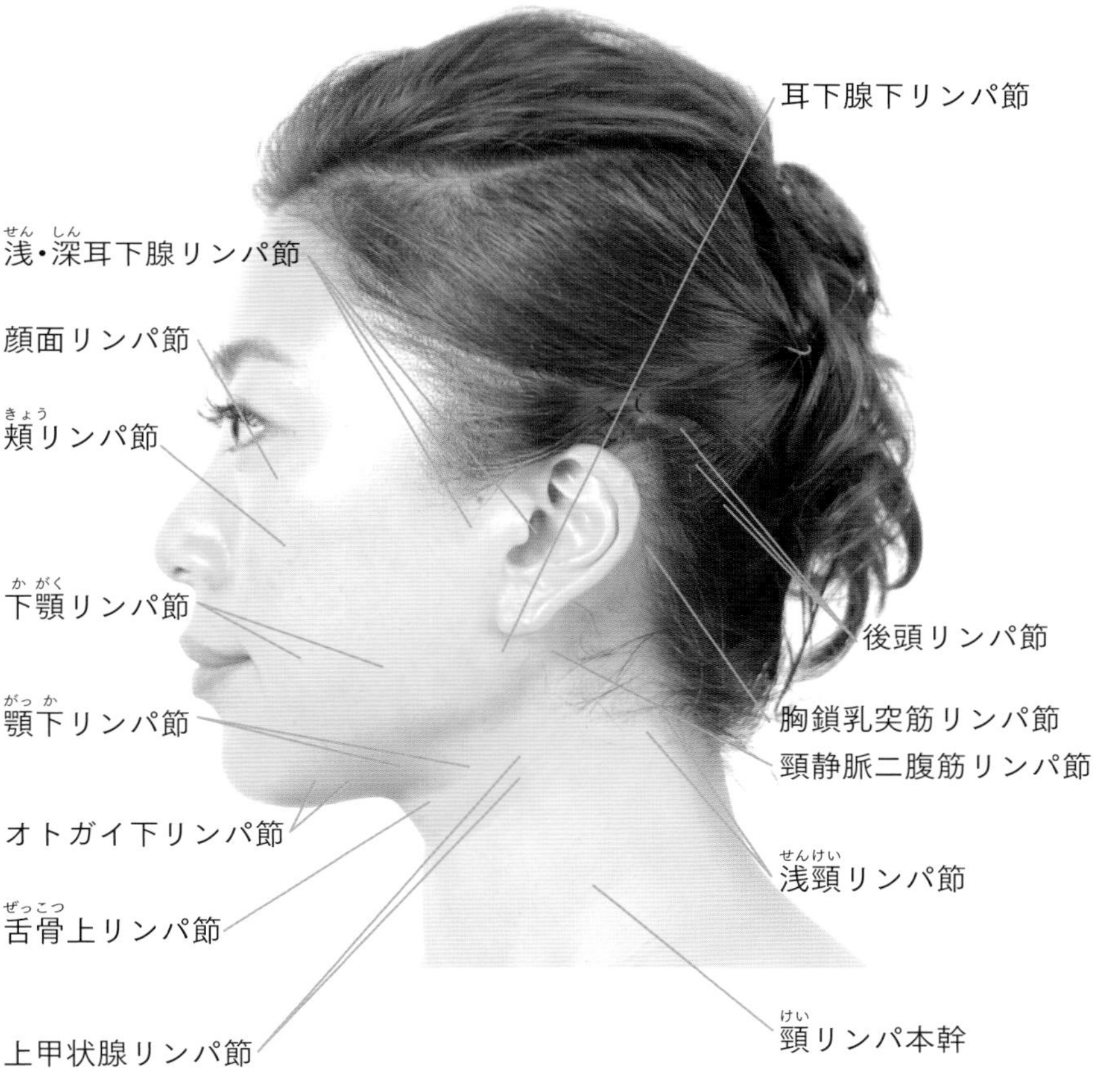
耳下腺下リンパ節
浅《せん》・深《しん》耳下腺リンパ節
顔面リンパ節
頬《きょう》リンパ節
下顎《かがく》リンパ節
後頭リンパ節
胸鎖乳突筋リンパ節
顎下《がっか》リンパ節
頸静脈二腹筋リンパ節
オトガイ下リンパ節
浅頸《せんけい》リンパ節
舌骨《ぜっこつ》上リンパ節
上甲状腺リンパ節
頸《けい》リンパ本幹

とても大事な「リンパ」の働き！

健康な体を保つために欠かすことのできない「リンパ」。

「リンパ」の語源は英語の「lymph」で、古くは「清水の流れ」や「泉」を意味した言葉です。

わかりやすく言うとリンパは、老廃物を運ぶ「下水道」のような役割を果たしています。

リンパの働きを大きく分けると3つの役割があります。**「余分な液体の回収」「排泄機能」**と**「免疫機能」**です。

リンパは、リンパ液とリンパ管とリンパ節の3つから成っています。

人間の身体には細い血管（毛細血管）がたくさん通っています。

その毛細血管から漏れた水分を**リンパ液**と呼び、リンパ液は管の中を流れて

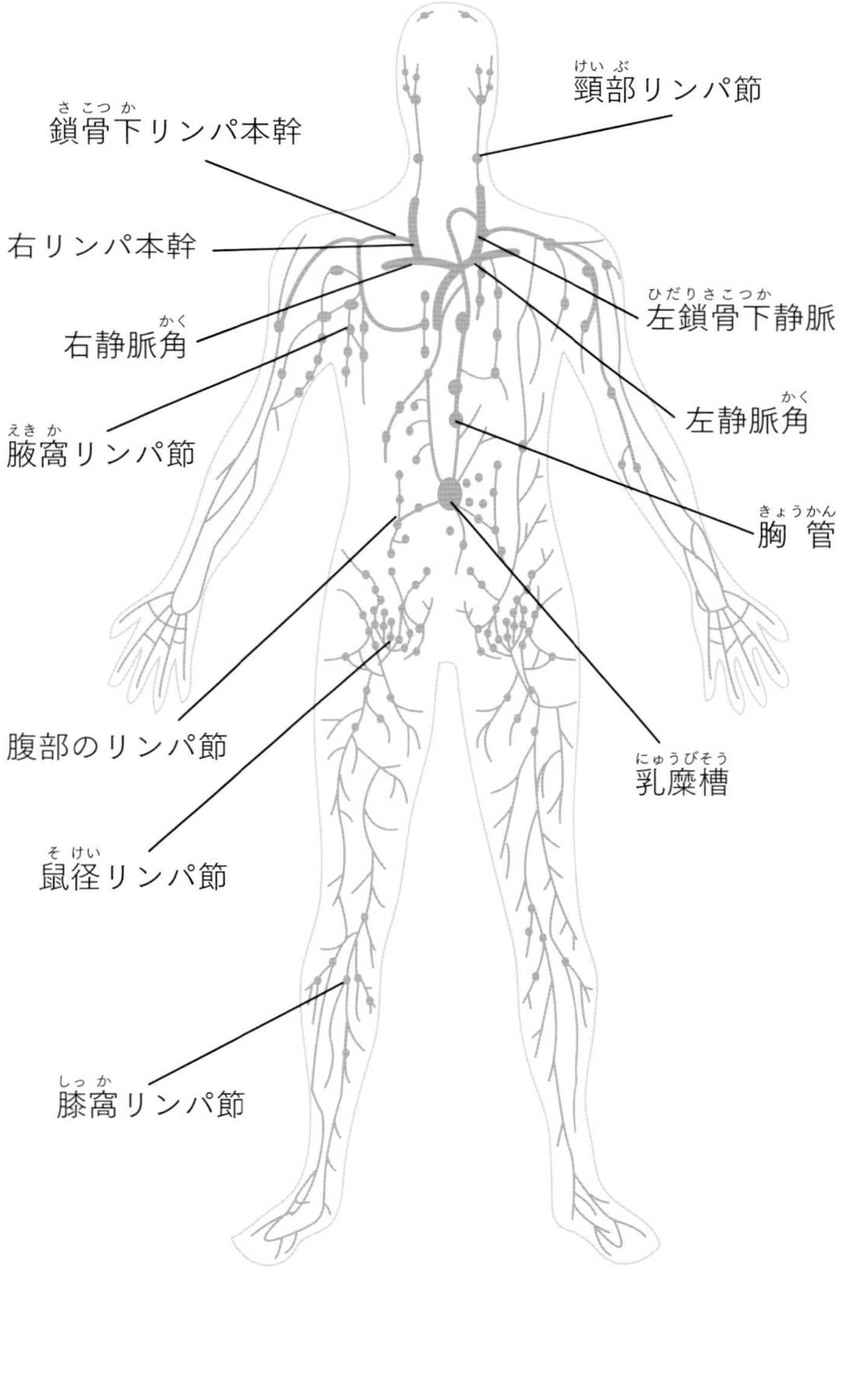
頸部《けいぶ》リンパ節
鎖骨下《さこつか》リンパ本幹
右リンパ本幹
右静脈角《かく》
左鎖骨下静脈《ひだりさこつか》
左静脈角《かく》
腋窩《えきか》リンパ節
胸管《きょうかん》
腹部のリンパ節
乳糜槽《にゅうびそう》
鼠径《そけい》リンパ節
膝窩《しっか》リンパ節

います。そのリンパ管がいっぱい集まっている場所に**リンパ節**があります。

全身に820カ所以上あると言われるリンパ節は、細菌やウイルスなどを退治し、健康な体を維持するために老廃物やウイルスや細菌などを濾《こ》し取って、全身に回らないようにするフィルターのような機能があります。

リンパ節は、体内に侵入した細菌や有害物質を血液循環中に入れないための関所の役目をしているのです。

そのため、美容はもちろん、健康にも重要な影響を与えます。

風邪をひいたとき、あごの下や首が腫れっぽくなったことはないでしょうか？　それは、リンパ節が腫れているのが原因です。

リンパ節は、免疫の反応を起こすときに腫れる特徴で、しっかりウイルスや細菌と戦ってくれているという証拠なのです。

このようにリンパはウイルスや細菌、有害物質が侵入しないように守ってくれている重要な役割をしているため、**毎日のリンパケアでリンパの流れが良い状態を保つことで、病気の予防にも繋がる**のです。

リンパ節は有害物質を取り除く「関所」

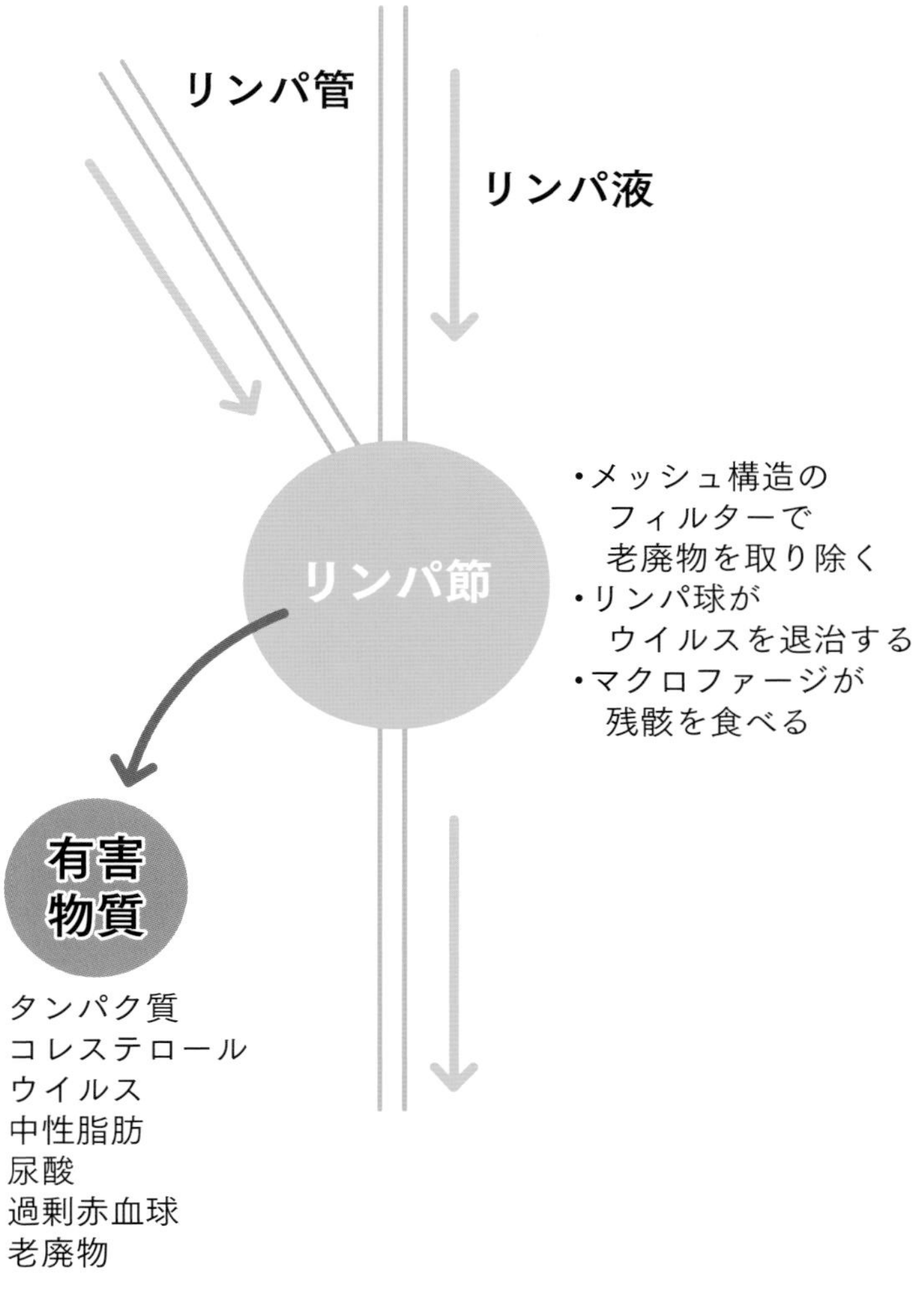

よくリンパケアをご自身でもしっかりされているお客様から「風邪を引かなくなった」と言う声を聞きますが、リンパ節が頑張って戦いウイルスや細菌の侵入を防いでくれているからなんです。

私もリンパケアをするようになってからは風邪も引かなくなり、病院に行くこと自体なくなりました。インフルエンザになりかけた方やノロウイルスになっていた方は後から病院に行き知るものですが、当初、なんか調子が悪いと言ってる初期症状が出てる方と一緒にいても、インフルエンザもノロウイルスも私には移らなかったのです。中には、新型コロナウイルスの陽性者と一緒にいても検査の結果、自分は陰性だったという方も耳にしますが、ここでも免疫力が高いことが関係していると考えられるでしょう。

どんなウイルスや細菌が近寄ってきても侵入させない強い免疫力。

リンパが正常に流れている状態が、最も病気の予防に繋がります。

そのため、日々自分の体を意識しリンパケアを続けることがとても重要になるのです。

リンパと老廃物の関係
――リンパが停滞するとどうなるか？

リンパの流れが滞ると、さまざまな体の不調が出てきます。

むくみ、肌荒れ、シミ、シワ、くすみ、たるみ、ニキビが出たり、水いぼができたり、セルライトができやすくなる原因になります。美容面だけでこれだけの悪影響が出ますが、さらに肩こりや腰痛、筋肉疲労もリンパの滞りが原因でもあり、だるくなったり、疲れがなかなか取れない、寝つきが悪く起きやすいなど、うつの症状が出る方もいます。

免疫力が低下してしまうため、病気になりやすい体になってしまうのです。

リンパが滞ると体に不必要な細菌やウイルス有害物質が正常に処理できず血液に侵入してしまうからなのです。

リンパを流すには、マッサージが大切！
――カギは筋肉収縮

血液は、心臓という全身に血液を運んでくれるポンプがあります。

一方、**リンパはリンパ周辺にある筋肉の運動か、またはリンパの流れの方向に正しくマッサージすることでしか流れません。**

血液は約40秒という速さで全身を循環しますが、リンパは、なだらかにゆっくり流れますので、8時間から12時間で全身を循環すると言われています。運動不足の方は1～2日、老人の方は1週間かかってもリンパの全身の循環ができない方もいます。そうすると老廃物がいつまでたっても体内に残ってしまい、疲れやすく太りやすい。そして、病気になりやすい体質になってしまいます。

また、長時間同じ体勢で作業や仕事をしたり緊張が続いたりすると筋肉の緊張が起こりリンパの流れが悪くなりますので適度に運動をすること。運動するのが難しい方は、リンパマッサージを継続的に行うことが大事になります。

血液とリンパの違い

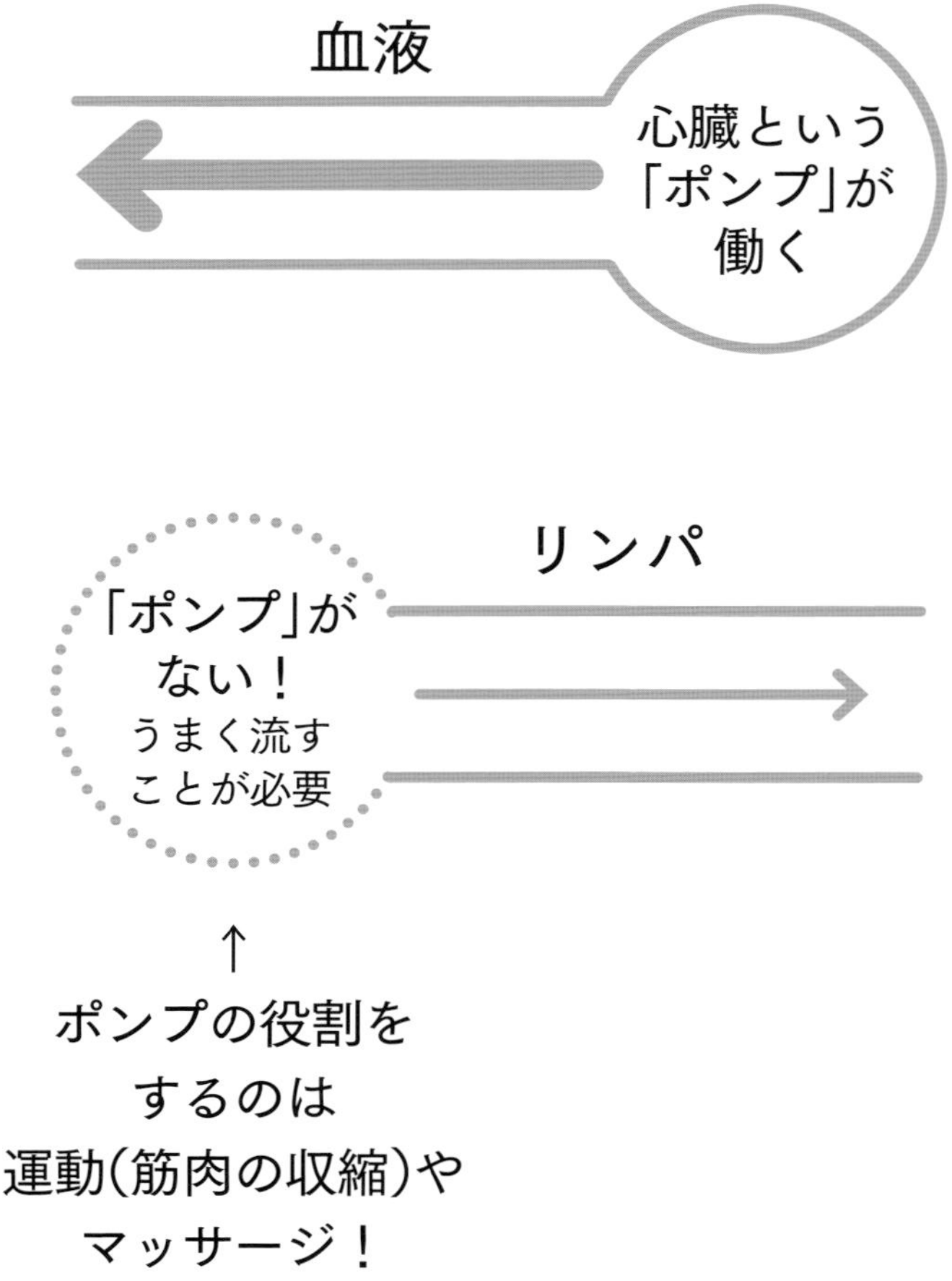
血液
心臓という
「ポンプ」が
働く
リンパ
「ポンプ」が
ない！
うまく流す
ことが必要
↑
ポンプの役割を
するのは
運動（筋肉の収縮）や
マッサージ！

首から鎖骨、胸へのマッサージで老廃物の70%が流れる!

下水道のような役割を果たすリンパは、主に老廃物や死んだウイルス・細菌、運動後に溜まる乳酸や、余分な脂肪、水を運びます。

リンパ液はこれらの老廃物を回収しながら、免疫が下がるウイルスや細菌などはいないか、全身チェックしながらパトロールし、必要ならそのウイルスや細菌と戦いながらゆっくりと全身循環しますが、**左の鎖骨のリンパ節**が最終ターミナルとなり、ここに一番老廃物が溜まった状態でリンパが流れてきます。

そのため、下水道が詰まると下水が溢れるように、左の鎖骨のリンパ節が詰まると老廃物が鎖骨から上の肩や首、あご、顔の周りに溢れ出して肩こりや太首、二重あご、デカ顔などの原因になります。

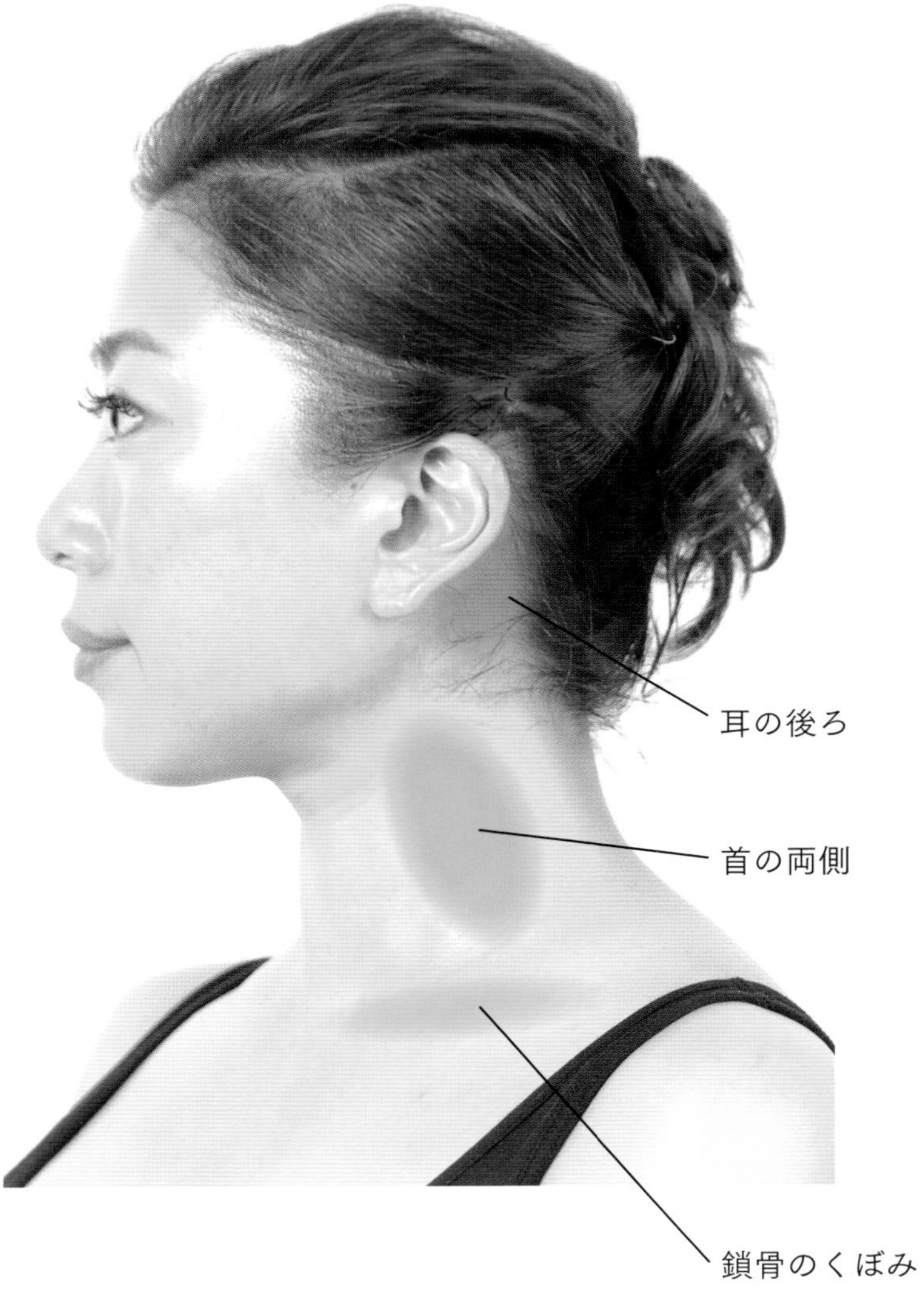
耳の後ろ
首の両側
鎖骨のくぼみ

つまり、**左の鎖骨に向かって首をマッサージする**ことで、70％の老廃物が流れ、下水道に詰まった髪の毛やヘドロがなくなると正常に排水溝も水が流れるように、左の鎖骨から首にかけてのリンパの流れが良くなると、肩こりが改善されたり、首が細くなったり、二重あご改善や顔のリフトアップ、肌荒れ改善にくわえ、風邪の予防や代謝アップもされ、体調も整うのです。

第2章

S@O式
「首なでマッサージ」の
効果を実感！

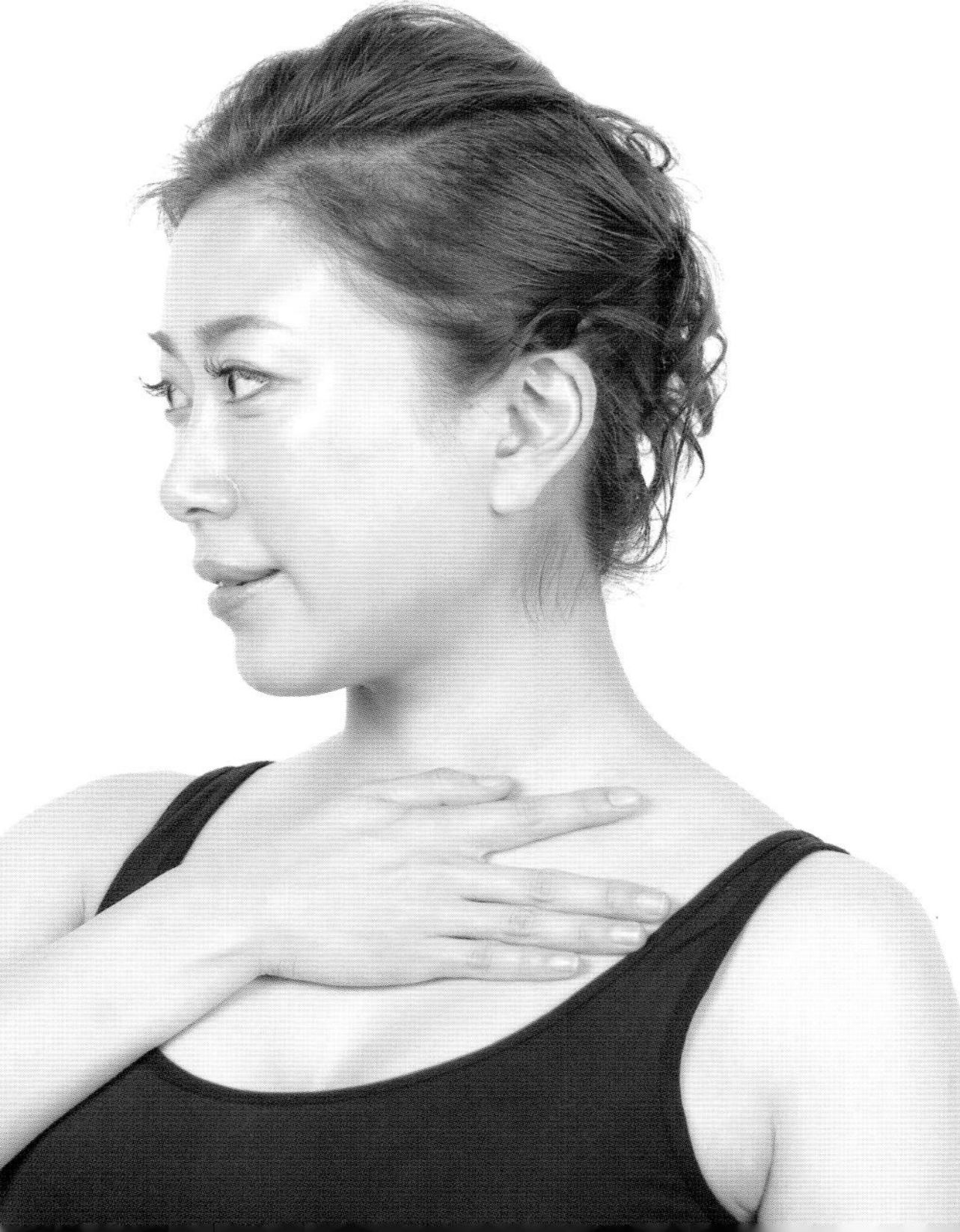

Yさん 50代

短時間でこんなに変わる方法があったなんて信じられません。

私は、ミセスコンテストの日本代表になり、世界第3位に選んで頂いたことをきっかけに、国内だけではなくヨーロッパを中心として、海外の日本フェスティバルに出演する機会が多く、飛行機に乗ると顔のむくみがどうしても気になっていました。

しかし、このセルフケアーは**すごく簡単で、どこでも好きな場所でできる**ので、もうロケ先の撮影や海外の着物パフォーマンスショーでも**むくみで悩まなくてもよくなりました。**

堂々と、どこでも本来の自分を発揮できていて感謝です。

Before

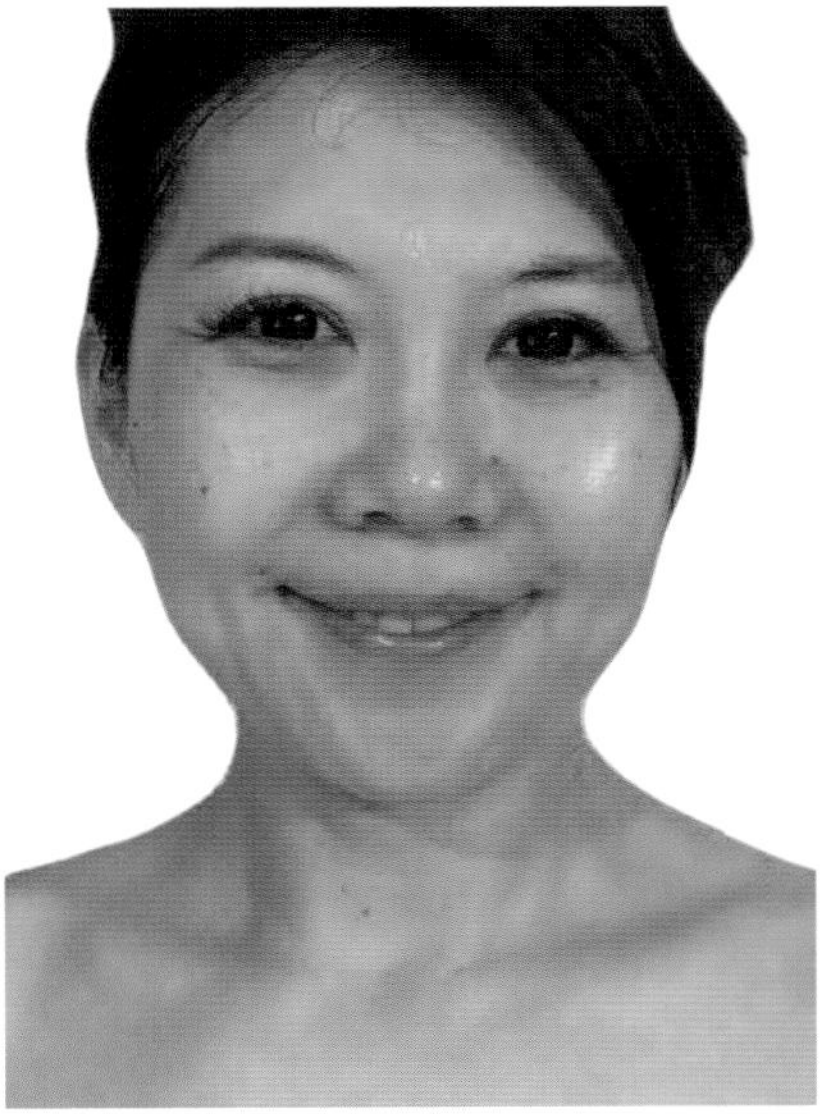

After

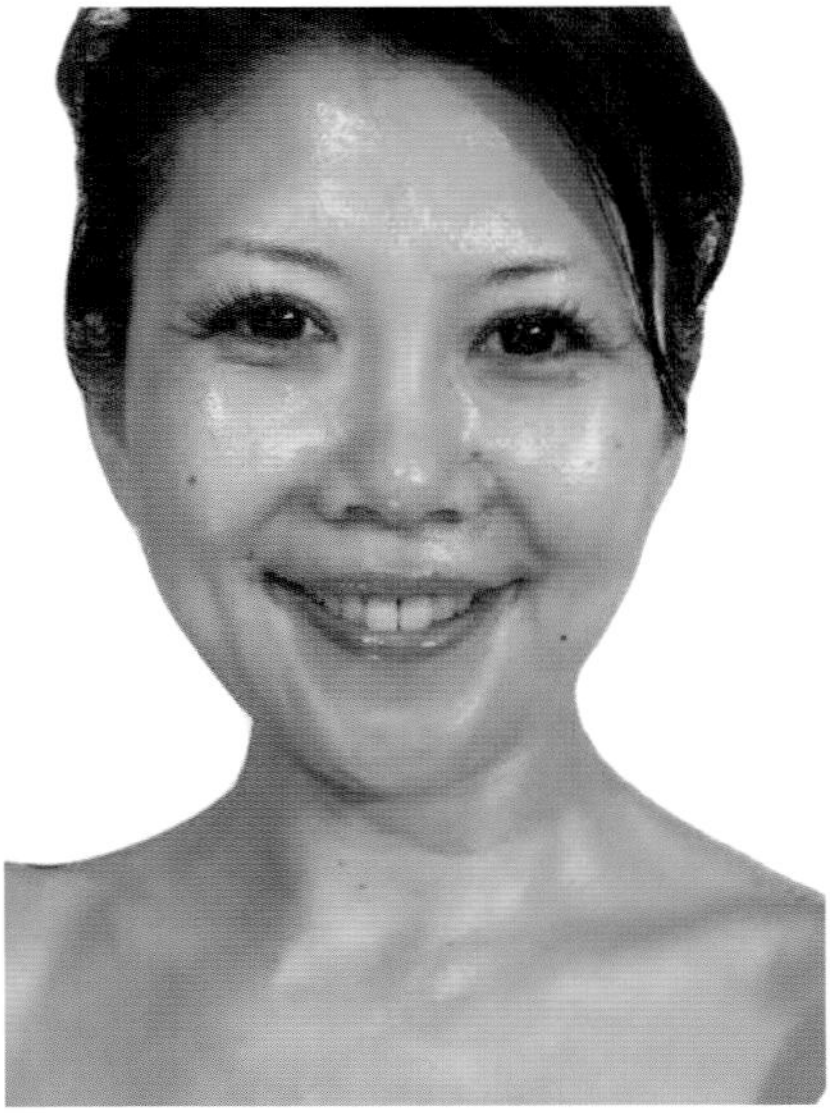

Mさん 30代

ボディケアセラピストとして出張も含め活動しているため、肩こりなどの疲労感や顔のむくみが気になっていました。

しかし、首なでマッサージを試したところ、**エステで時間をかけて施術をしてもらったような効果**を感じられました。

顔はもちろん小顔になりましたが、肩こりも楽になり思った以上の効果にビックリしています。

実際は5分もかからなかったので、皆さんにもぜひ試してほしいです。

Before

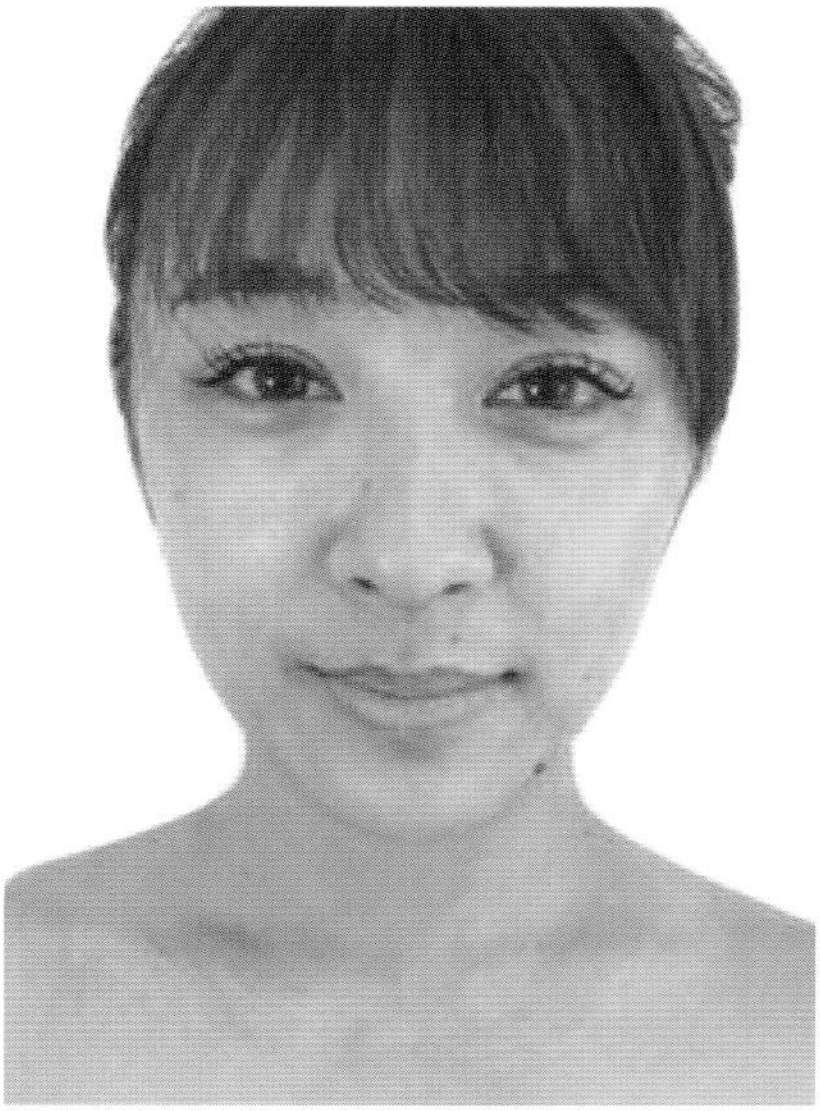

After

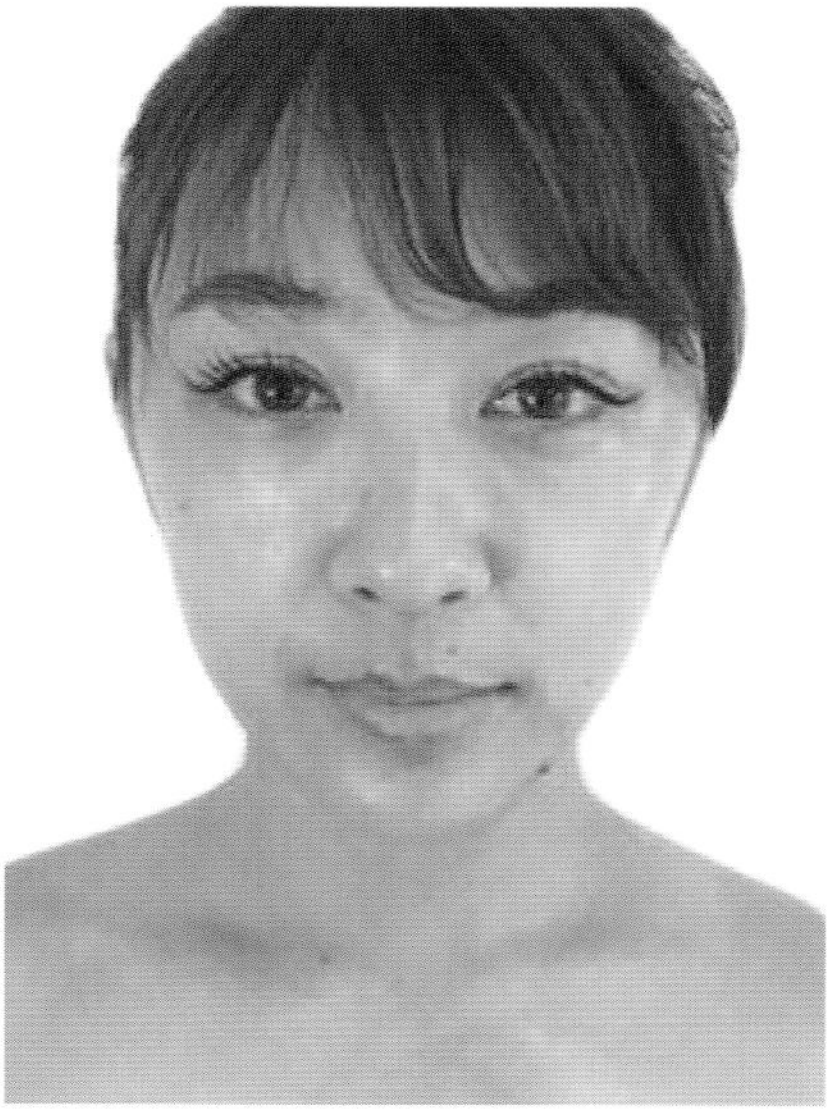

Hさん 20代

いろんなエステに通っていたので、セルフケアーと聞いて正直、そんなに効果は出ないと思っていました。

ところが、鏡を見ながらケアをしていくと、**1時間かけてやっていたフェイシャル以上に自分の顔が変わったのを実感しました。**本当にすごい！

しかもリンパの知識も学べたので、なぜこんなに変わったのかもわかりやすかった！

正直周りの人には内緒にしたいほど変わるケア法です。

これからも続けて、**ずっと若いままの自分をキープできる**イメージが湧きました。

Before

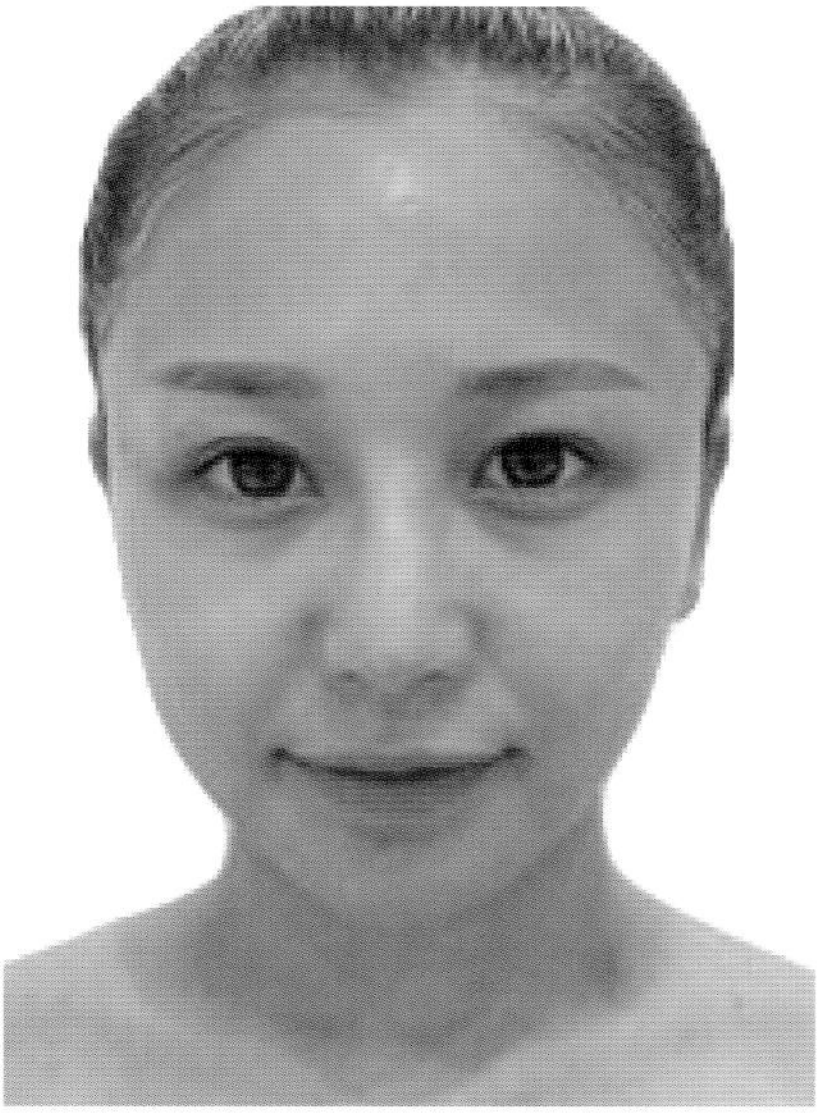

After

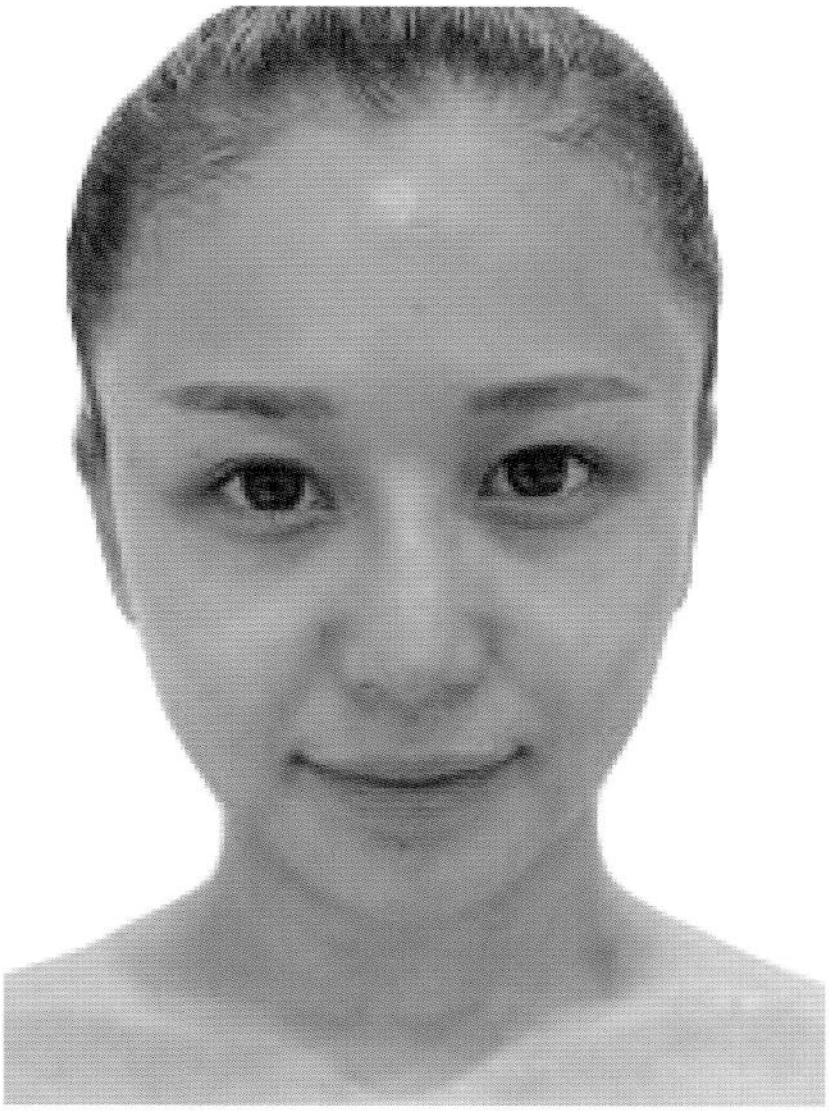

若見えのポイント4つ「ゆがみなし」「たるみなし」「目を大きく」「肌を明るく」

・右の肩の位置のバランスは整っているか？
・口角の位置は左右整っているか？
・目の高さは左右整っているか？

3つのバランスをまず整えます。リンパを流すと、**目が開きやすくなり、たるんだ肌もピーンと持ち上がり、小顔になるだけではなく、肌のトーンも明るい印象に変わります。**

リンパが正常に流れ、血行も良くなるので免疫力や代謝もアップするからです。

Before

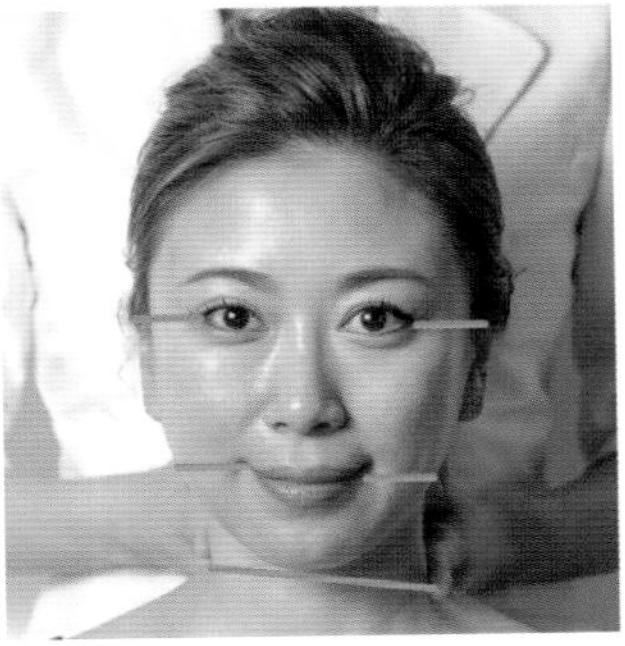

After

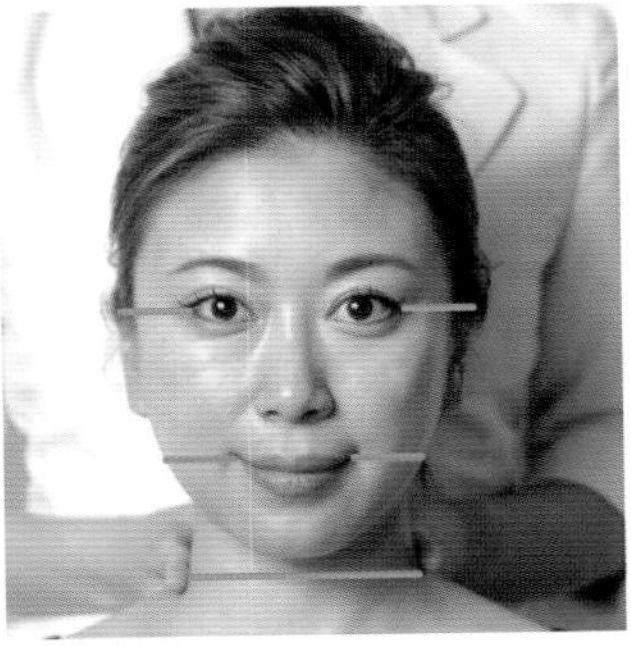

第3章

首なで
リンパマッサージで
得られる効果

顔のリフトアップ（二重あご改善）

二重あごができる原因は主にたるみ、むくみ、姿勢、皮下脂肪（肥満）、加齢などによる表情筋の衰え、そしてストレスによる食いしばりなどが考えられます。最近ではスマホやテレワークによりパソコンの使う機会がより多くなり、前かがみの姿勢で長時間姿勢が崩れることにより、首、肩こりだけではなく二重あごの原因にもなると言われています。あご下からほほ全体のリンパを流すことにより、二重あごになっていた部分と顔に溜まっていた老廃物が流れ、輪郭がくっきり出て、顔もリフトアップされます。

小顔

「デカ顔」の原因としては、顔のむくみや、加齢による顔のたるみ、頬杖をつく癖など、様々なものがあります。

むくみの原因は、例えば塩分やアルコールの取りすぎ。またホルモンバランスが崩れた時などが考えられます。また肌の老化により顔がたるむのは、肌のハリや弾力を与えるコラーゲンやエラスチンの繊維が衰えると肌全体が下垂し、頬の下あたりからたるんでしまい、デカ顔の原因になってしまいます。

顔だけではなく首や鎖骨の老廃物をしっかり流すことにより、顔を触らなくてもリフトアップ効果も得られます。さらにその後、顔のリンパを優しく流すと本来の骨格に合わせて一回り顔が小さくなり、若返った印象になります。

シワ・たるみがなくなる（ほうれい線、ゴルゴ線、マリオネット線が消える）

私たちの顔を老け顔にしてしまうラインは、小鼻から口の両側を通りあごに続くほうれい線、目の下にシワやたるみなどでできるゴルゴ線、左右の唇からあごにかけてできるマリオネット線があります。

ヒアルロン酸による美容整形などで改善される方も多いくらい皆さんが悩まれる3つのラインですが、顔にはリンパが密集しているので毎日5分、顔を優しく包み込むように優しくこめかみまでしっかりとリンパマッサージをして老廃物を流すと、ほうれい線、ゴルゴ線、マリオネット線が目立たなくなります。

目が大きくなる

年齢を重ねて、もしかして目が小さくなったかもと感じることはありませんか？　それは加齢により目の周りの筋肉が衰えてくるから、目の周りのむくみやたるみ、スマホやパソコンを頻繁に見ていてブルーライトが眼精疲労の原因になっている、などの原因が考えられます。目の周辺はデリケートな部分になりますので、特に優しく力を入れずなでるようにリンパを流すと脂肪や老廃物が流れ、むくみやたるみが解消され、目が開きやすくなり、目がパッチリ大きい印象になります。また視力がアップしたという声も多く聞きます。

鼻筋が通る

鼻は顔の中心にあるので目立ちやすく、第一印象や顔全体のバランスに大きく関わるパーツです。つまりキレイな鼻筋を手に入れることは美人に近づけることにもなるのです。鼻の周辺にもリンパは密集しているので鼻全体をしっかり流すことにより小鼻になり鼻筋も整います。

くすみがとれる

くすみの原因は古い角質や肌の乾燥、肌の潤い不足によるくすみ、紫外線や肌の摩擦によるくすみ、体の冷えや血行不良や運動不足などによるくすみなどさまざまな原因が考えられますが、リンパを流すことにより老廃物が流れ、血液を促し肌のくすみにも対処でき、ワントーン明るくなった印象になります。

イボの予防

アトピー性皮膚炎など肌のバリア機能が低下していたり、風邪やインフルエンザなどの病気やストレスで免疫が下がった時にできやすく、ウイルスの一種が皮膚に感染することにより発症することもあります。

免疫力を高めるために、リンパマッサージでイボができている箇所の老廃物をしっかり流しリンパの滞りがなくなると、免疫力も高まりイボの予防につながります（水イボも）。

首が細くなる

運動不足な方、パソコンで仕事をしている方、同じ作業を繰り返し行っている方は慢性的な肩こりの原因になります。肩こりは首が太くなるばかりではなく、首から肩のつけね辺りが固くなりしこりのように盛り上がってくることがあります。またむくみや顔のたるみが首を太くする原因になることもあります。首と肩をしっかりリンパマッサージし老廃物の滞りを流すことにより、肩のつけねの位置も左右揃い、肩こりも楽になり、首が長くなり、細い印象に変わり小顔効果も期待できます。

首のシワがなくなる

タートルネックなどで首を隠す方もいるくらい年齢が出やすい首。そしてゆういつ皮膚が薄く中々、整形ができないと言われている首のシワ。シワはリンパの滞りが原因ですので、溜まったリンパを首全体優しくさすることでシワの解消に繋がります。首は特に保湿することも重要で、顔と同様に化粧水、乳液、美容液などで毎日しっかり保湿した後に、首をさすると効果が倍増して首のシワが目立たなくなります。

疲労緩和(肩、背中などに溜まった疲労の回復)

毎日の仕事や育児、運動などで疲れが溜まり疲労が蓄積すると体調が悪化したり、思考の低下にも繋がります。特に疲れが出やすい肩、背中などの疲労緩和するためには毎日、肩周りと手が届く範囲で肩甲骨周りのリンパを流すと筋肉が緩み、老廃物の滞りがなくなると肩の張りがなくなります。

免疫力アップ
（細菌やウイルスの攻撃を防ぐ、花粉症改善）

リンパ節は、免疫機能があり、細菌やウイルスなどを退治し、健康な体を維持するために老廃物やウイルスや細菌などを濾し取って、全身に回らないようにするフィルターのような機能があります。リンパ節は、体内に侵入した細菌や有害物質を血液循環中に入れないための関所の役目をしているので、正常に有害物質を体内に侵入させないためにもリンパをしっかり流すことが大事です。花粉症改善は特に鼻周りのリンパをよく流すことがコツです。

第4章

自分の手は
一番優しい美顔器

美顔器やカッサなど顔を流す道具も色々と発売されていますが、まずお伝えしたいのは、**「自分の手」が優しい美顔器となり、程よい圧を加減してできること、そして全体的にマッサージを行える**ことです。

圧をかけすぎると大事な毛細血管が切れてしまったり、脳が危険信号と認識して、ストレスになったり逆効果に繋がります。

「自分の手」で十分な効果を得られますので、ぜひ試してみてください。

首のマッサージの時に使いたいクリーム・オイル・ジェル

一般的なスキンケアに使う化粧水や乳液、美容液とは違い、リンパを流すことを一番に考えた『10min.Labo』を専用美容液として推薦しています。左の図をご覧頂けると一目瞭然ですが、肌への浸透レベルが全く違います。世界で初めての浸透技術による特許も取得しており、瞬時に肌へ浸透し、それだけでは

特許浸透技術「イノベーティブ3Dナノテクノロジー®」

界面活性剤を使用することなく肌に浸透するので、敏感肌に対しても優しく効力を発揮します。皮膚組織と素早く馴染み、美容成分が持つ機能をスピーディーに発揮させます。また、長時間安定して美容成分をお肌の奥で停滞し続けてくれることで潤いが持続します。

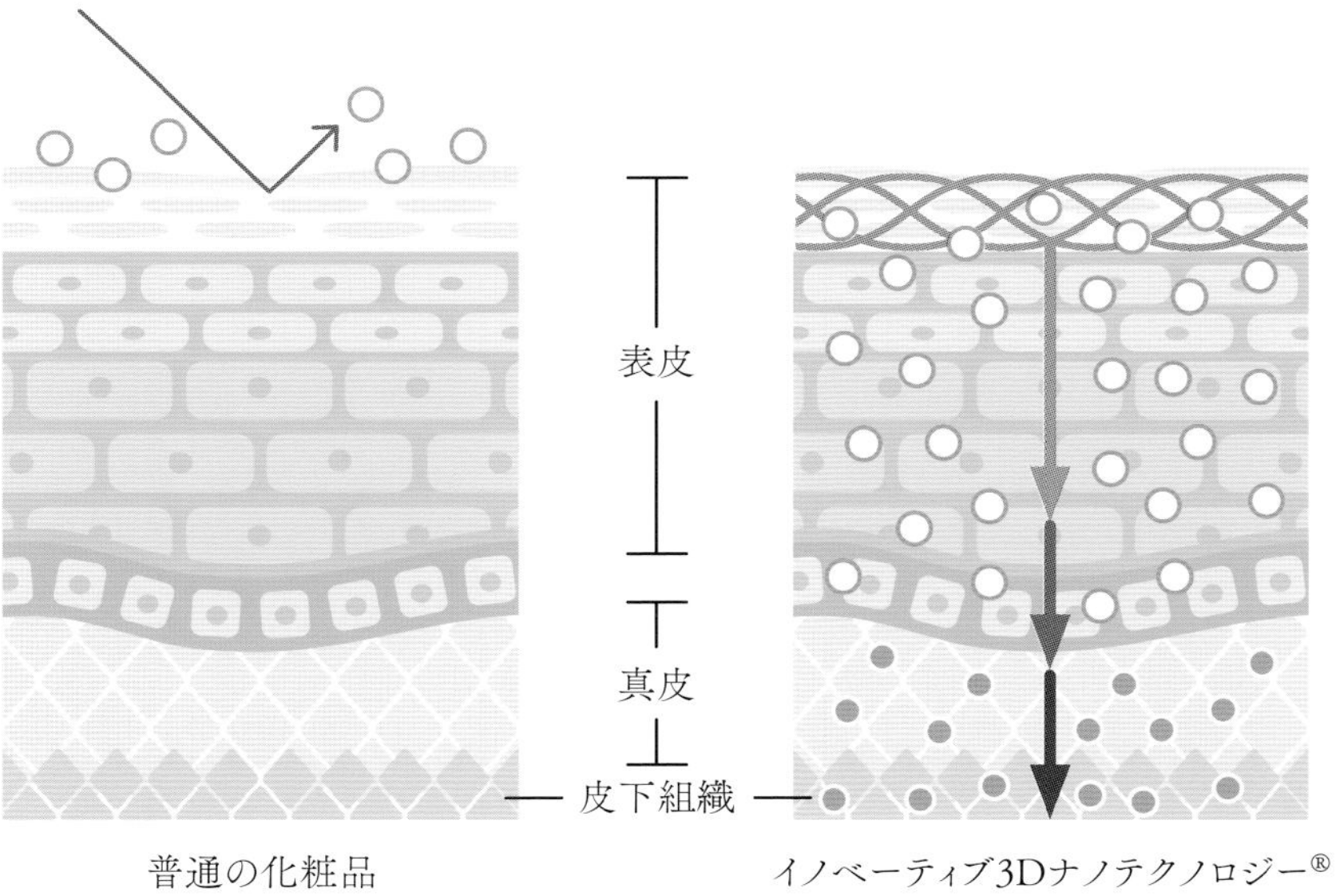

10min.Labo
次世代型全身用クリーム
150g
購入など詳しくは
http://www.sao-Japan.com

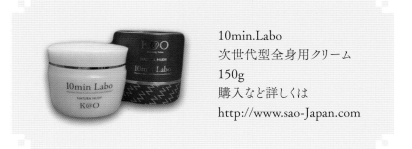

なく長時間一定した有効成分濃度が得られるTDDSの最先端技術で作られた次世代型全身用クリームになります。

しかも塗っただけで３００キロカロリーも消費するブラウンスリム成分も配合していますので、リンパマッサージと同時に塗った箇所がスリムになる優れたクリームです。他にもヒト幹細胞培養液などの成分も入っているため、セルフケアーをした後もさらに効果を持続できる美容液になっています。

配合成分

ヒト幹細胞培養液

肌本来の再生力を呼び醒まし、内側から美しく持続させます。再生医療の現場でも活用され、この培養液から抽出された有効成分が皮膚細胞の活性化を促します。

植物幹細胞エキス

老化促進物質である「活性酸素」を輩出し、くすみのない透明感のあるお肌へとアプローチ。弱った幹細胞へ潤いと栄養を届けます。

特殊電解水

特殊な電気エネルギーを与えた電解水の効果により、高い殺菌力を発揮します。外気やウイルスから肌を守り、お肌本来のバリア効果を高めます。

ブラウンスリム

スリミングに効果的な褐色脂肪細胞を活性化することで、カロリー燃焼に効果をもたらします。

サルコスリムリシェイプ

浸透技術と合わせることで、脂肪細胞だけでなく、真皮組織にもアプローチします。エラスチンやコラーゲンの合成を促しリフトアップやお肌のたるみを解消します。

プロテオグリカン

ヒアルロン酸の60倍の保水力を持つといわれているプリテオグリカンにより高い保湿効果が期待できます。またEGF様効果により肌の弾力、ハリへの効果が期待できます。

第5章

S@O式「首なでマッサージ」メソッド

毎日、鏡の前でマッサージしましょう。
肩の高さや目の高さなど、毎回瞬時に変わる変化を実感し、
確認しながら行いましょう。

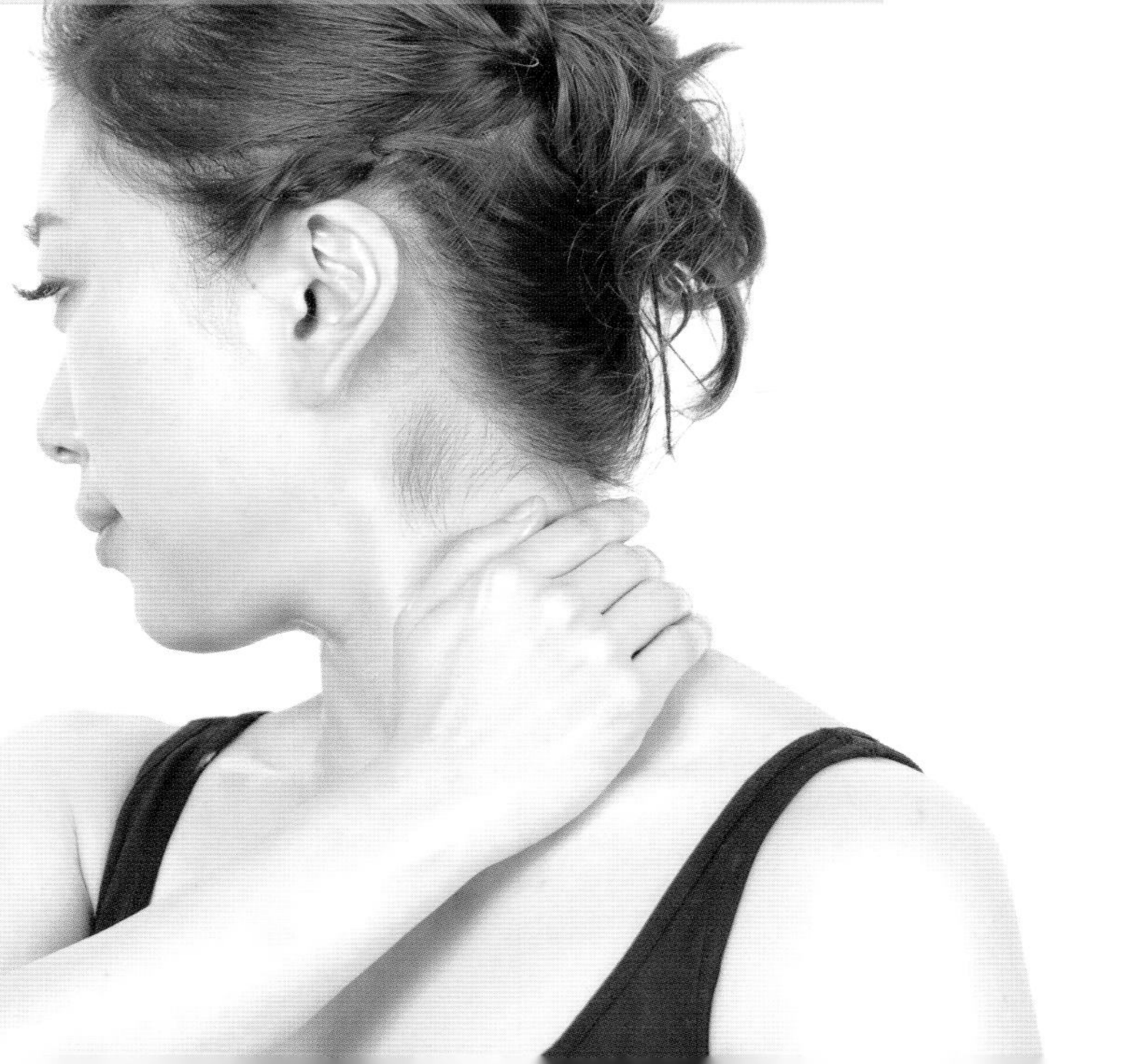

全体の老廃物流し

POINT
1 首を手のひらで大きく上から下になでる
2 右の鎖骨、左の鎖骨を肩側から胸の中心になで、最後、鎖骨の真ん中から胸の下に向かってマッサージ

1

まず写真のように首の左側全体を右手で包み込むようにおきます。

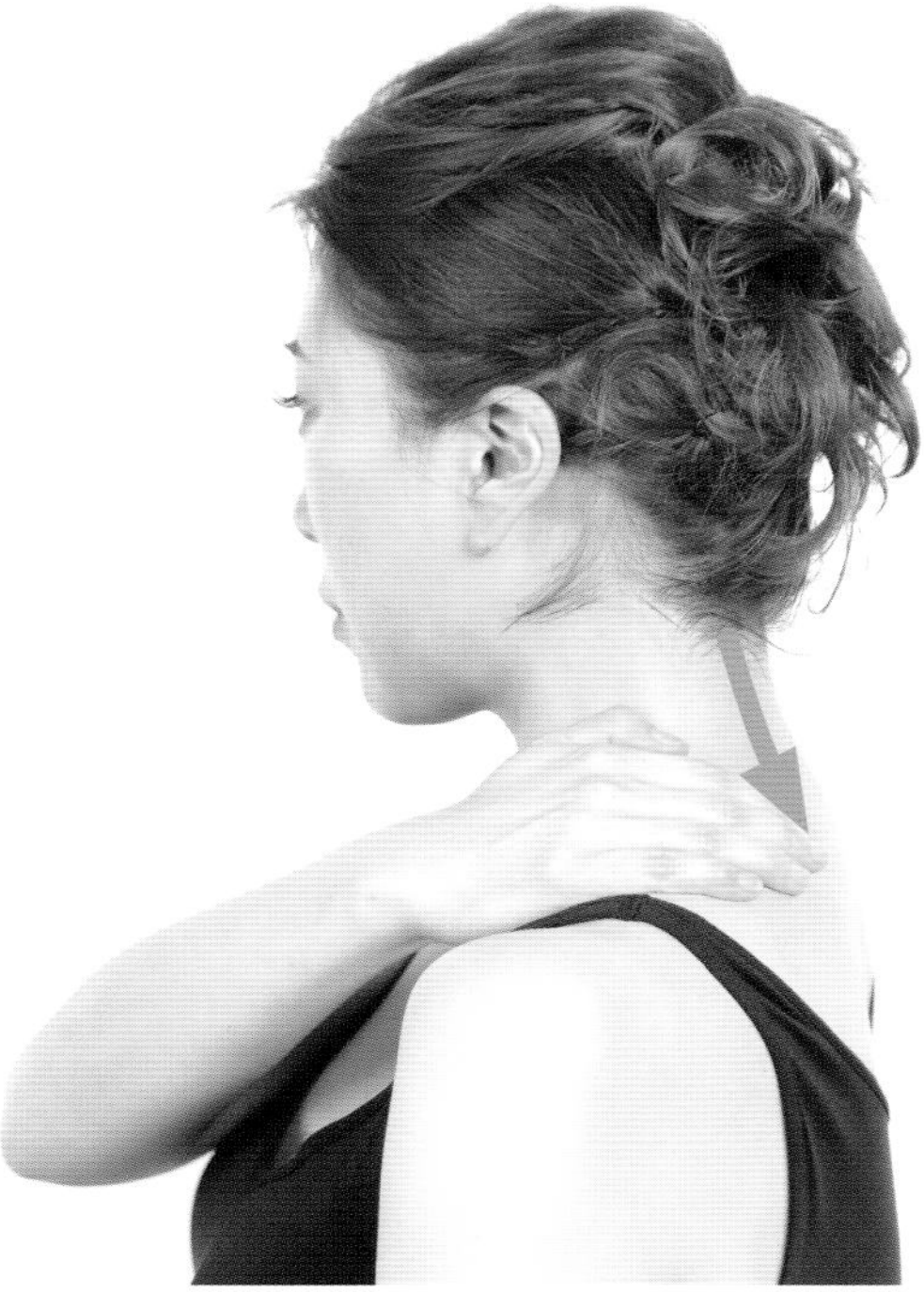

2

そこから肩まで
しっかり包み込み
ながら、
左の鎖骨まで
手を移動させます。

3 左の鎖骨の上下を、右手で写真のようにしっかりと挟みます。

※左の鎖骨がリンパの最終ターミナルとなり、約70%の老廃物が通過しますので、一番大きな下水道の役割をする左の鎖骨をしっかりと流すことで効果が倍増します。ここは念入りに流しましょう！

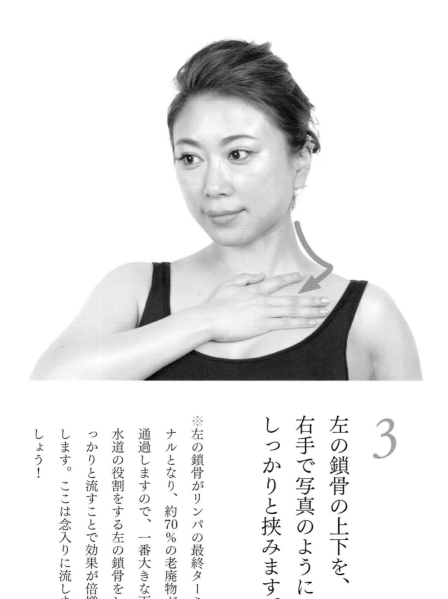

4

左の鎖骨を右手で上下しっかり挟んだまま胸の谷間の辺りまで進み、胸の谷間の辺りで写真のように右手の5本指がくっついている状態にします。

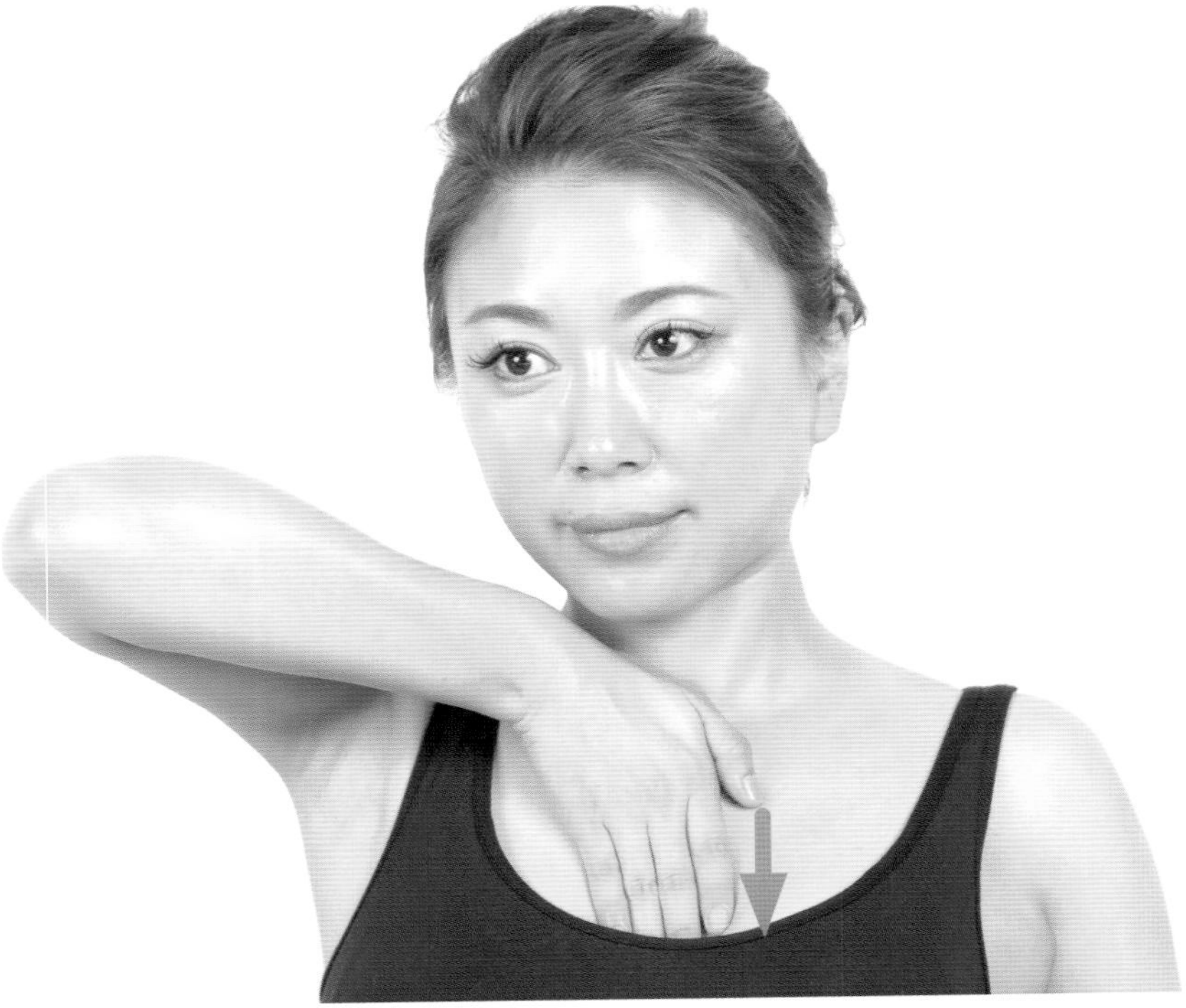

5

そのまま右手の方向を胸の谷間の方に変えしっかり老廃物を胸の谷間まで流すイメージで胸の谷間の辺りで手を止めます。

1～5を5回くりかえし、その後は左手で首の右側を同じように1～5まで5回繰り返します。

あごのたるみ改善 マリオネットラインを消す

POINT
あごの尖った部分から、耳の下の耳下腺まで親指で押し、その後、手のひらで首をなでる

1
あごの裏側に親指一本入る場所があるので、そこをプッシュします。

2

そのまま親指で
しっかりと
輪郭をなぞり…

3

耳の裏側の耳下腺まで流します。

1～3を5回くりかえします。それでもあごのたるみが気になる方は、回数を増やしてみましょう。

エラはりを小さくする

1

手をグーの形にして
あご下の輪郭に
そっておきます。

2

そのまま輪郭にそって
手をグーにしたまま
耳の後ろの耳下腺まで
流します。

3

エラが気になる場所を
念入りに
5回繰り返します。

ほうれい線の改善

POINT
口の両脇を親指と人差し指で「ヤッホー」の形にして、そのまま上に引き上げる。その後、耳下腺を通り首をなでる

1
手を「ヤッホー」の形にして、左手親指はあごの裏側、ほかの４本の指は鼻と頬に密着させておきます。

2

そのままこめかみに向かい、上に上に手をすべらせながら、頬を持ち上げるイメージで流します。

3

こめかみの手前で
手をパーに変え、
さらに顔全体を
引き上げる
イメージで…

4

こめかみに向けて
しっかり流します。

5

頭皮にもリンパが密着していますので、髪の毛の生え際までしっかり流しましょう。

1～5を5回くりかえします。

頬全体のリフトアップ・くすみ改善

POINT
両耳を人差し指と中指ではさみ、くるくると回し、その後、耳下腺を通り首をなでる

1

耳の前を親指と人差し指で、後ろを中指と薬指と小指で写真のように包みます。輪郭をなぞるようにそのままあご先まで

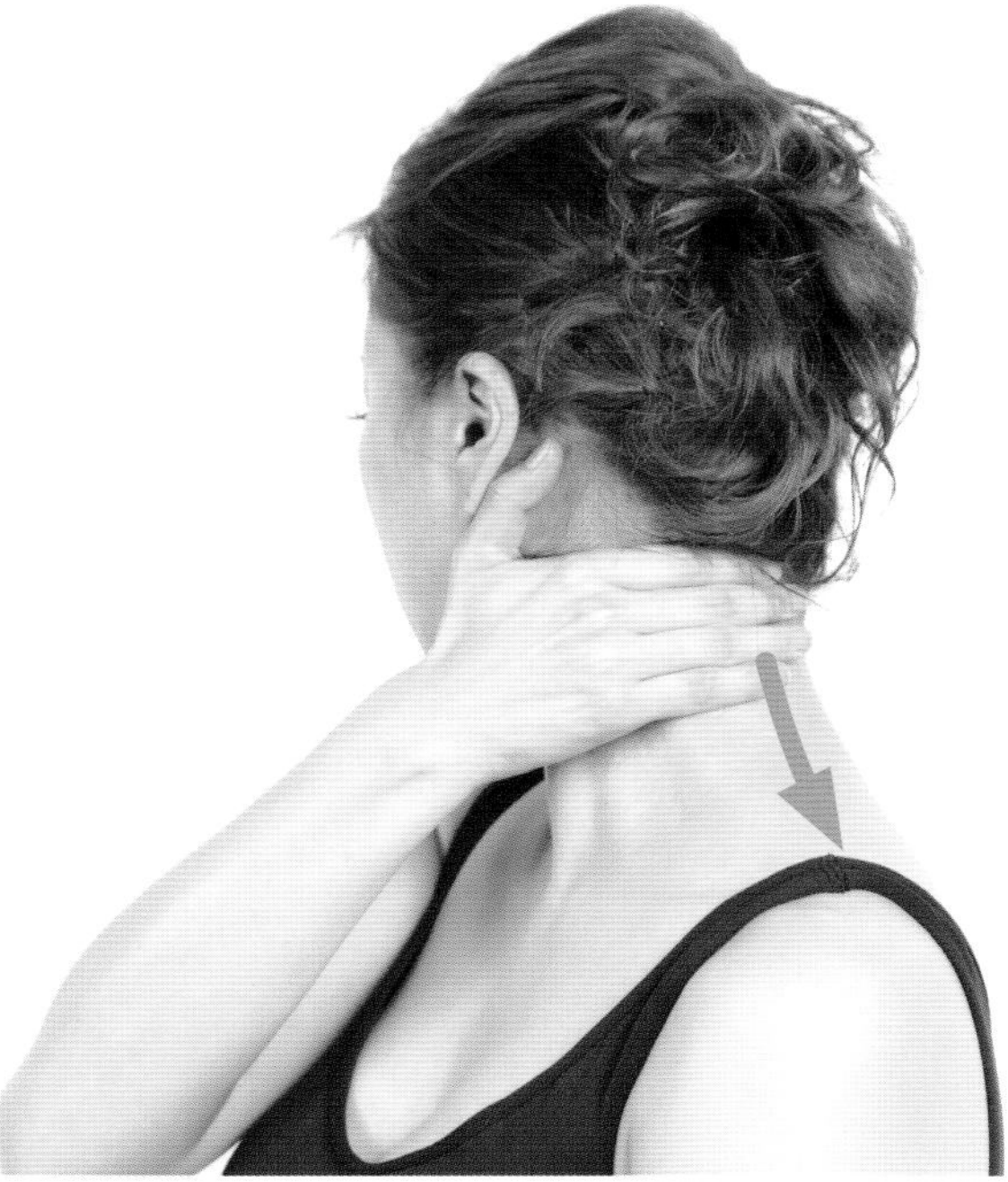

手をすべらせ、あご先からまた耳の前と後ろに流しながら、手を戻していきます。

これを5回くりかえします。

2

その後、手で首全体を包み…

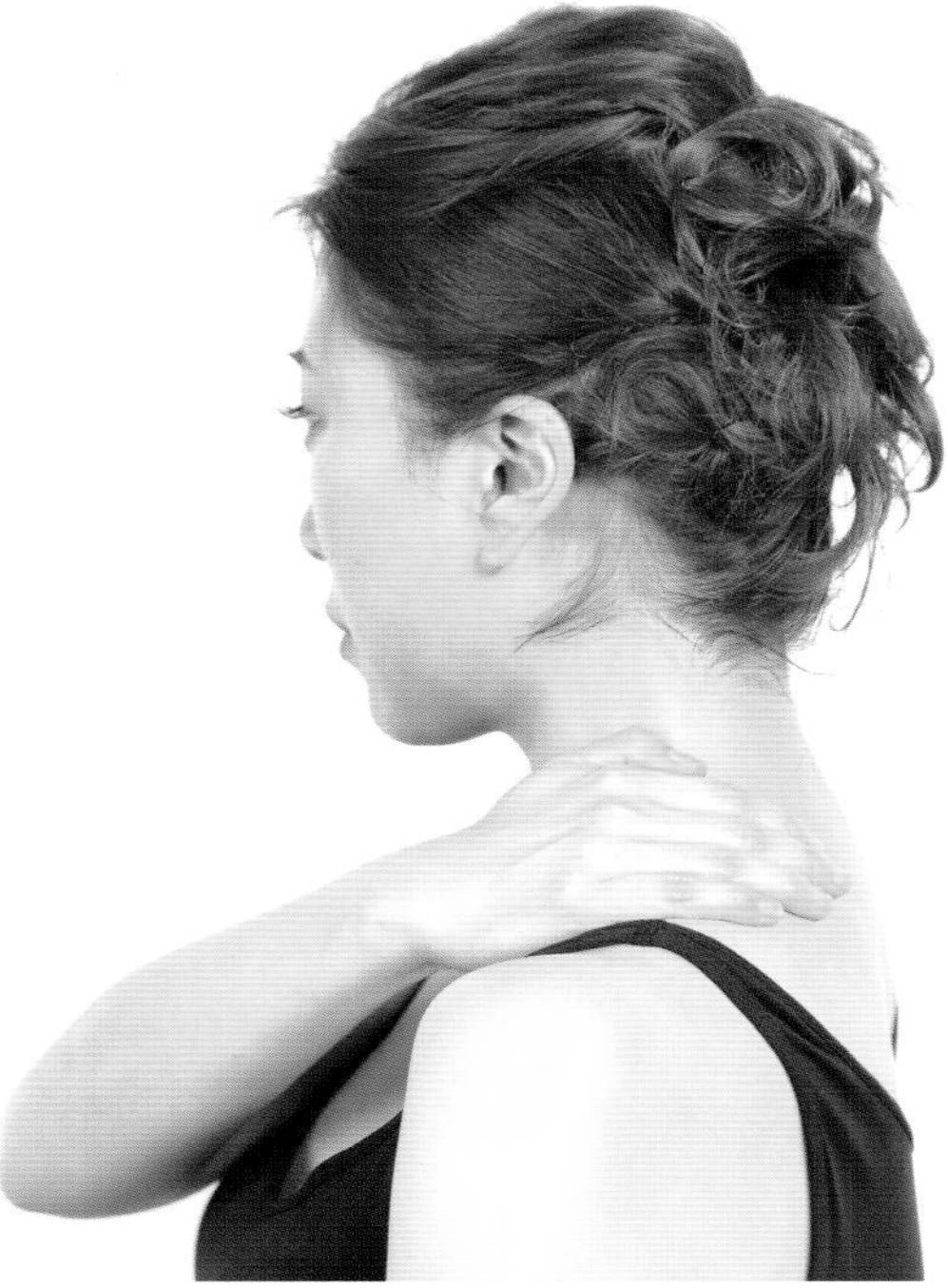

3
肩もしっかり
包み込み、
鎖骨の辺りで
一度手を止めます。

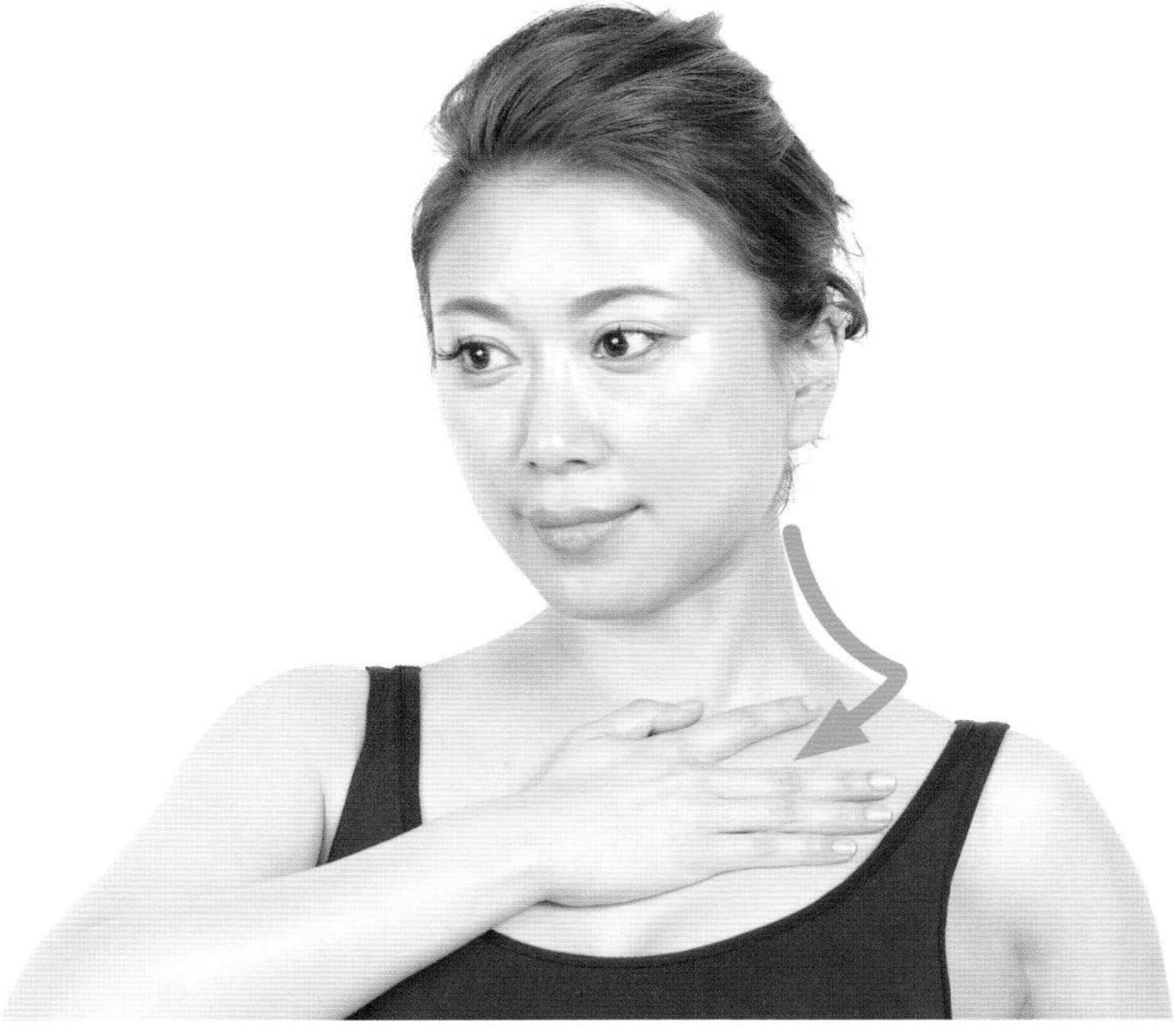

4
左の鎖骨の上下を右手で写真のようにしっかりと挟みます。

※左の鎖骨がリンパの最終ターミナルとなり約70％の老廃物が通過しますので、一番大きな下水道の役割をする左の鎖骨をしっかりと流すことで効果が倍増します。ここは念入りに流しましょう！

5

左の鎖骨を右手で上下しっかり挟んだまま胸の谷間の辺りまで進み、胸の谷間の辺りで写真のように右手の5本指がくっついている状態にします。

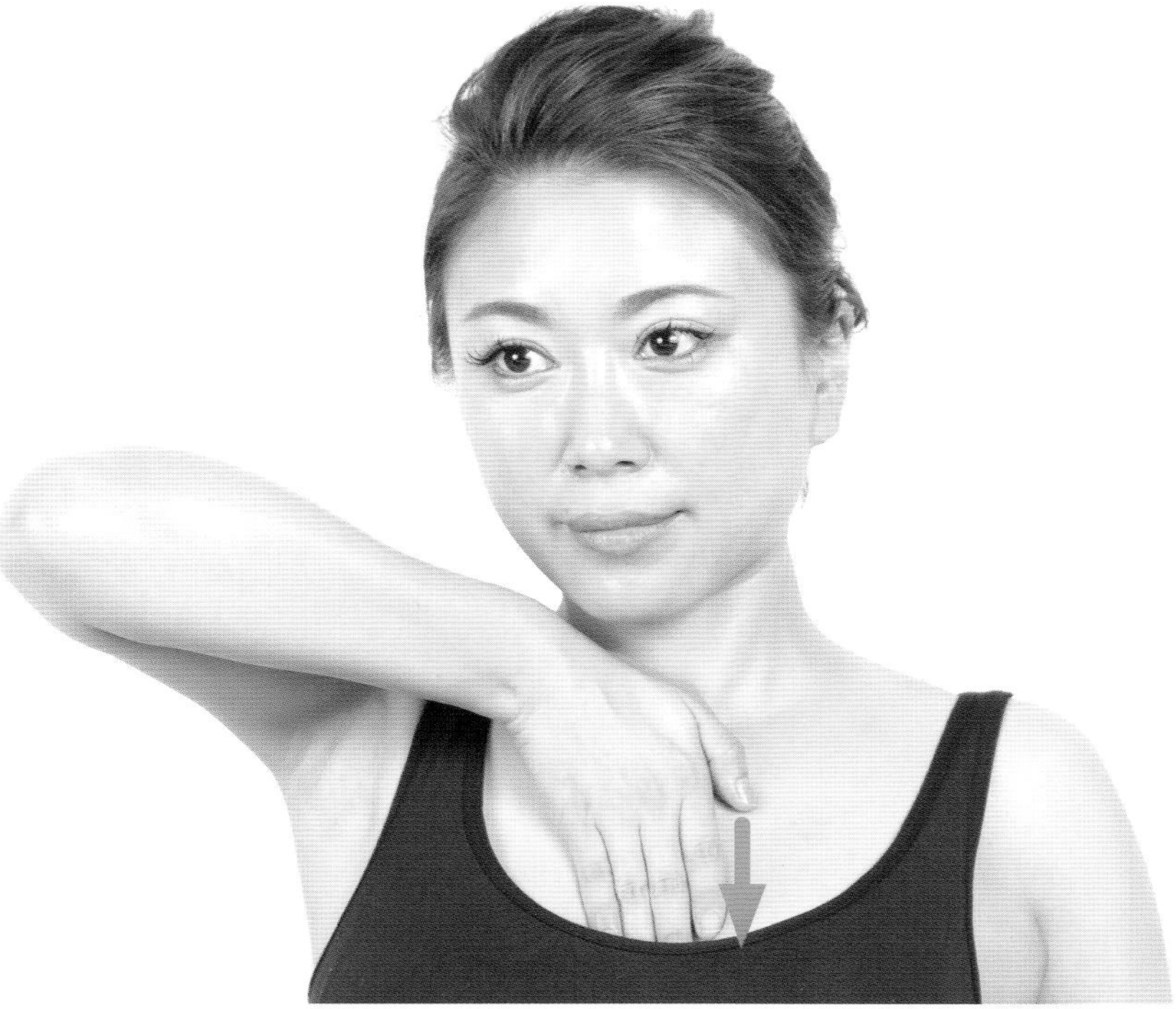

6

そのまま右手の方向を胸の谷間の方に変え、しっかり老廃物を胸の谷間まで流すイメージで胸の谷間の辺りで手を止めます。

2～6を5回繰り返し、その後は左手で首の右側に対して、同じようにⅠをやったあと2～6を5回繰り返します。

顔全体のリフトアップ

POINT
手をパーにして、こめかみ部分から髪の毛をつかみ、ぐっと上に。そのまま手を後頭部に持って行き、首の下までなでる

1
手をヤッホーの形にして、両手の親指をあごの裏側、ほかの4本の指を鼻と頬に密着させておきます。

2

そのままこめかみに向かい、上に上に手をすべらせながら、頬を持ち上げるイメージで、こめかみの手前で手をパーに変え、さらに顔全体を引き上げるイメージで流します。

3

こめかみに向けてしっかり流します。頭皮にもリンパが密着していますので、髪の毛の生え際までしっかり流しましょう。

1～3を5回繰り返します。

小鼻を小さく・花粉症改善

POINT
小鼻脇を人差し指でくるくるとまわす

1

小鼻脇を写真のように人差し指で軽く押します。

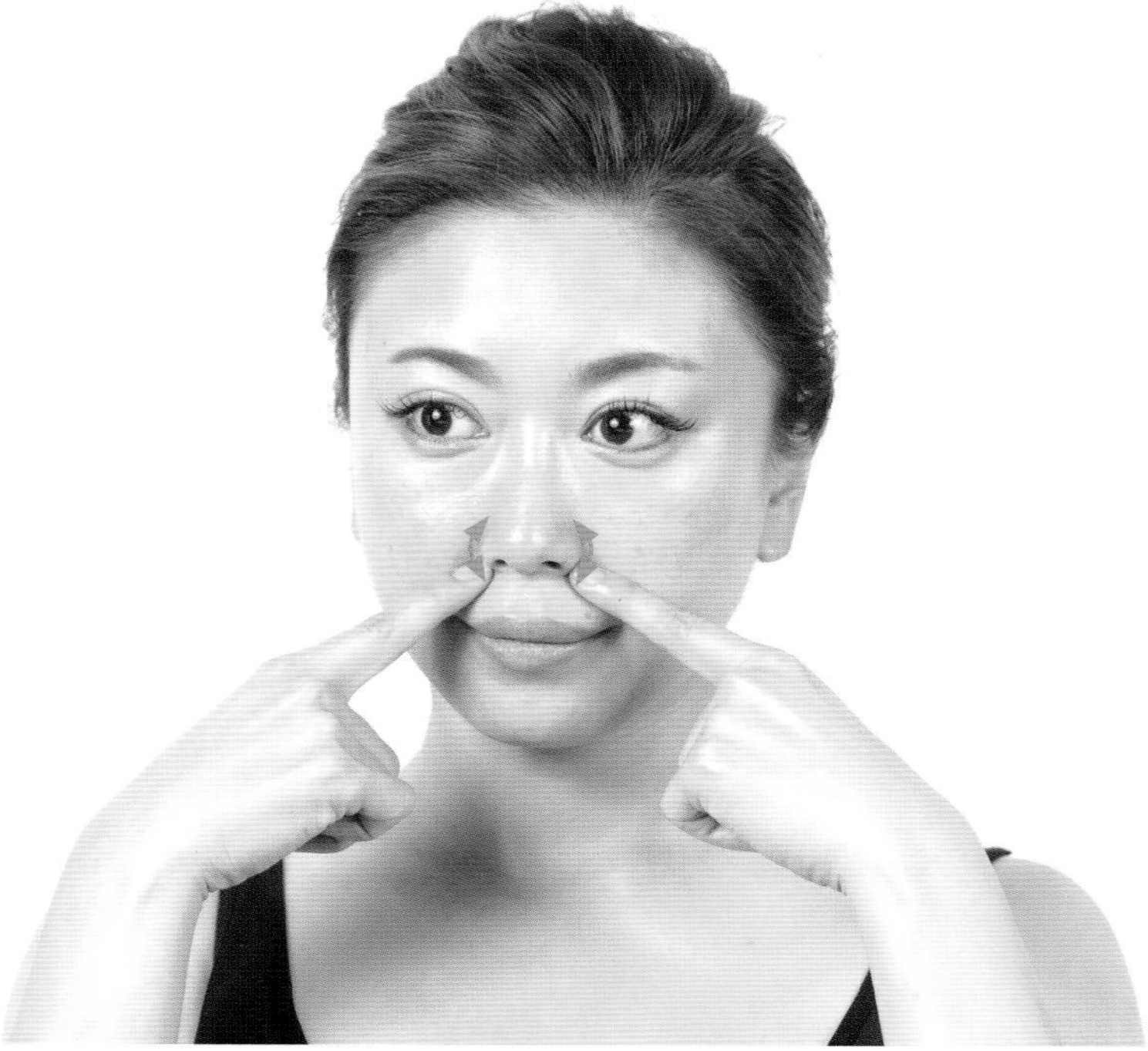

2

小鼻の輪郭を
なぞるように、
くるくる
5回、回します。

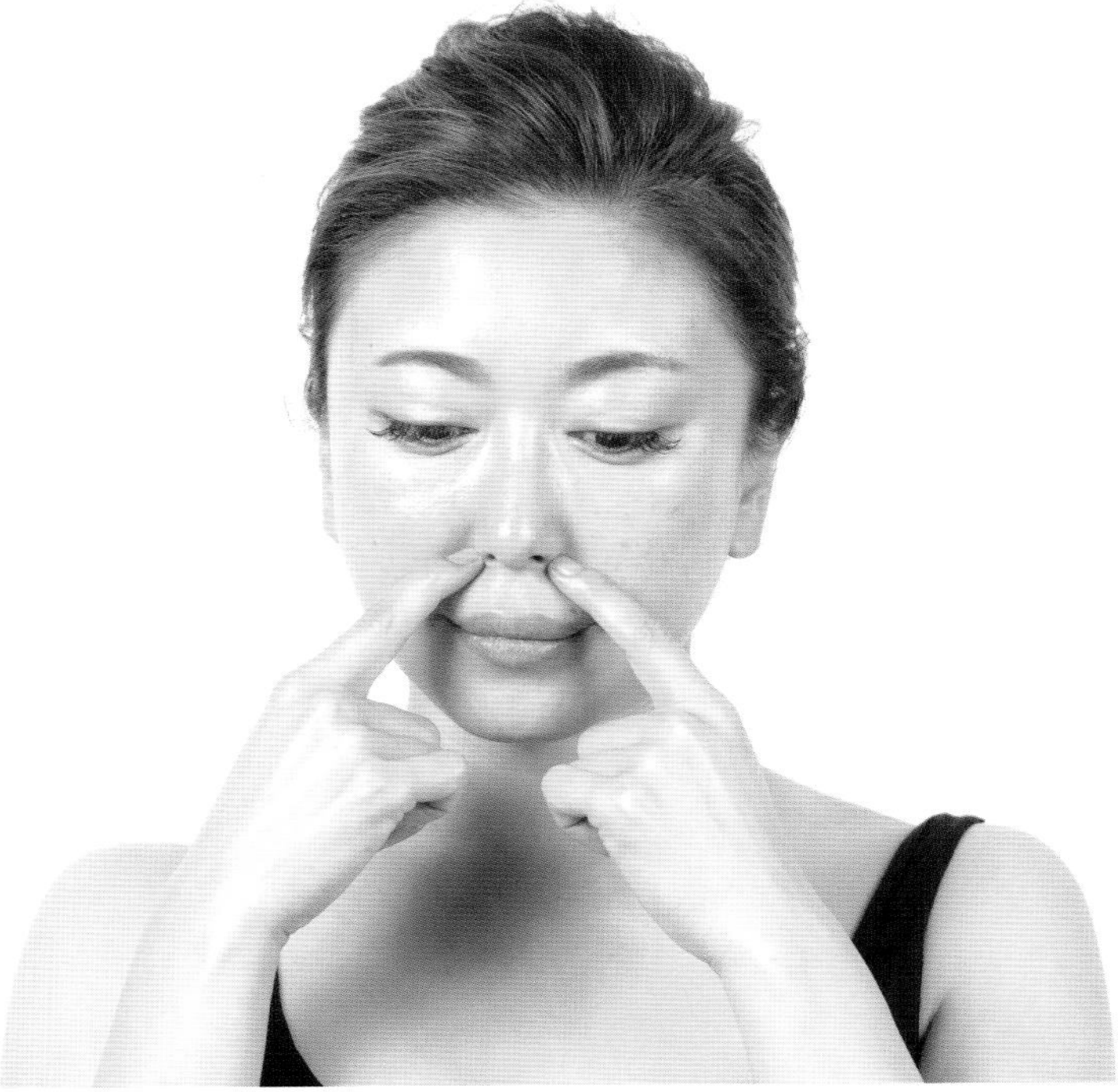

3

鼻の穴の手前まで
しっかり流すと
小鼻効果が倍増
しますので、
しっかり
流しましょう。

鼻を高くする

POINT
眉頭から、鼻筋を一直線になでる。その後、小鼻脇をくるくると指で回す

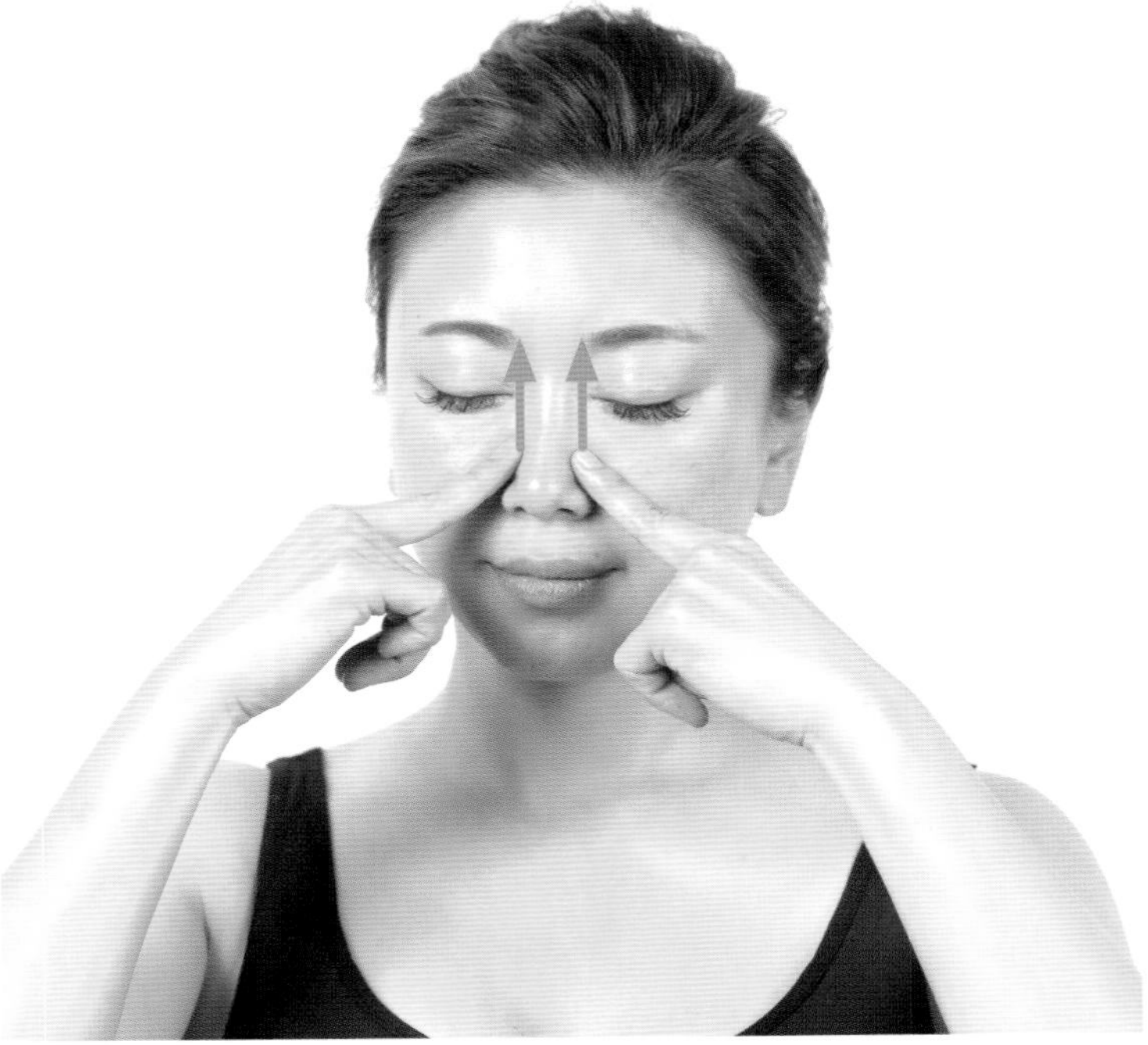

1
写真のように両手の人差し指を鼻筋の一番下の部分におきます。

2

そこからまゆ毛の頭の下まで、鼻筋の輪郭に添い5回上下に流します。

目をぱっちり

まぶたのたるみ・目尻のシワ・ゴルゴライン改善

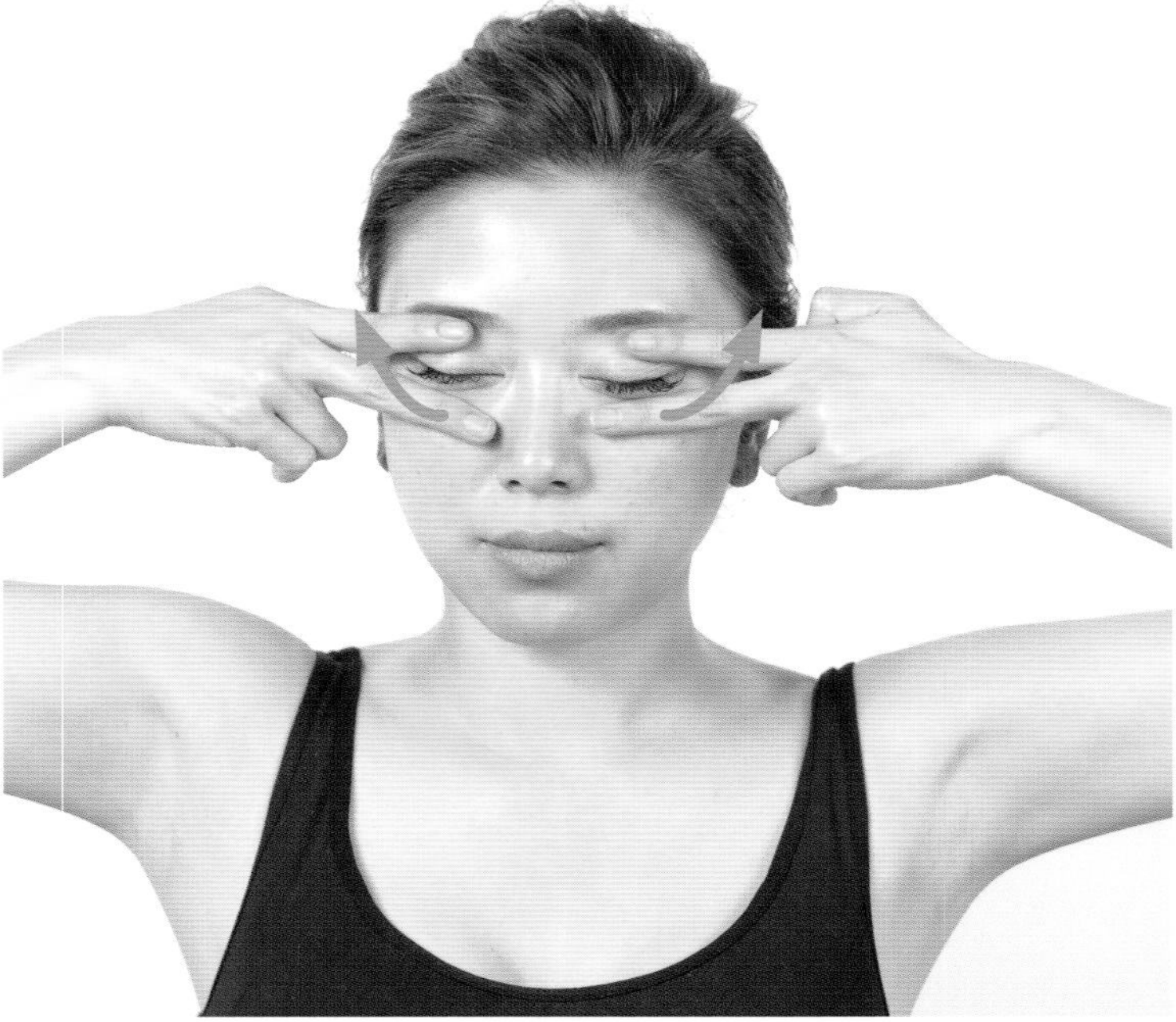

1

チョキのポーズで両目に手をおきます。

※まぶたはデリケートな場所なので、力は入れずにさするように優しく流します。

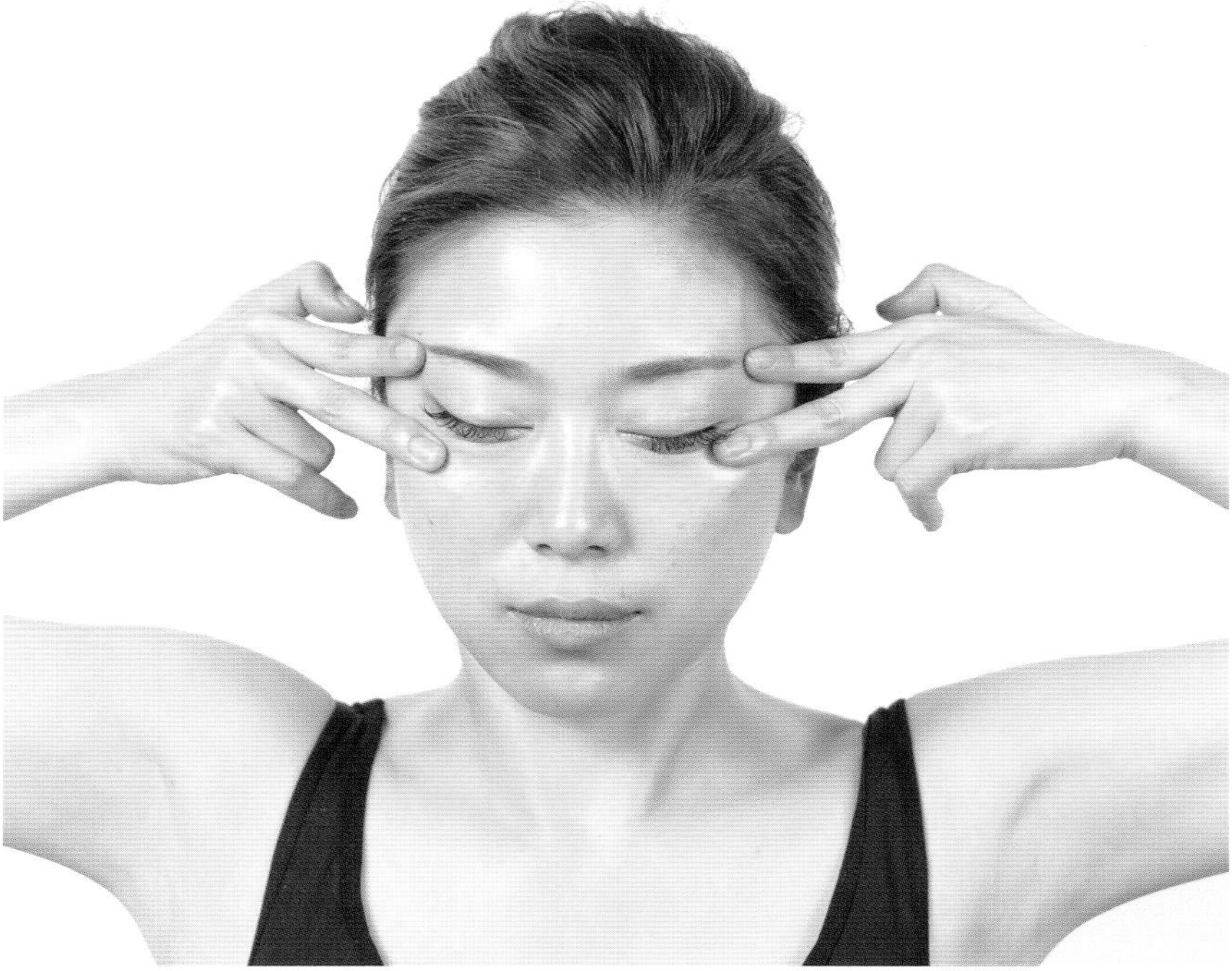

2

こめかみに向けて
そのまま優しく
流します。

3
髪の毛の生え際まで
しっかり
流しましょう。

1〜3を5回くりかえします。

眉間のシワ改善

POINT
眉頭下から眉尻まで、おでこに向かってプッシュするように引き上げる

1
まゆ毛の下の部分を人差し指で上に持ち上げます。

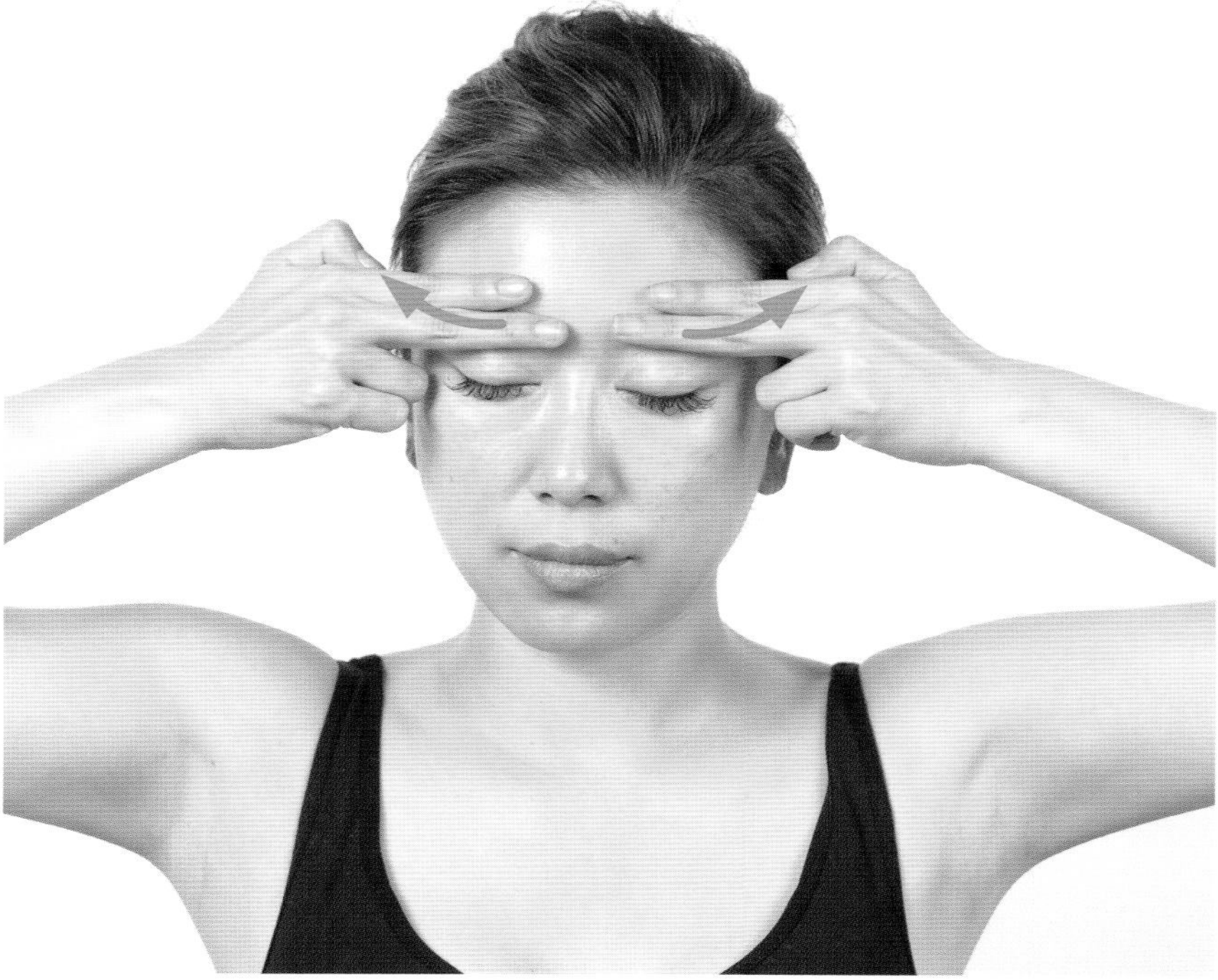

2

そのまま人差し指と中指で上に持ち上げます。

※まゆ毛も老廃物が溜まりやすい場所です。プチプチ音が鳴る方は鳴らなくなるまでまゆ毛下の部分とまゆ毛の部分を流しましょう。

おでこのシワ改善

1

左手でおでこ全体を包むように手をおきます。

2

そのままシワを
引き上げるイメージで
頭皮、髪の毛生え際まで
しっかり流します。

3

その後、両手で左右の
おでこを包むように
手をおきます。

4

そのままこめかみの上の髪の毛生え際まで、両手でしっかりシワを伸ばすイメージで引き上げます。

1～4を5回くりかえします。

顔のむくみ改善

POINT
首の後ろの部分をプッシュ

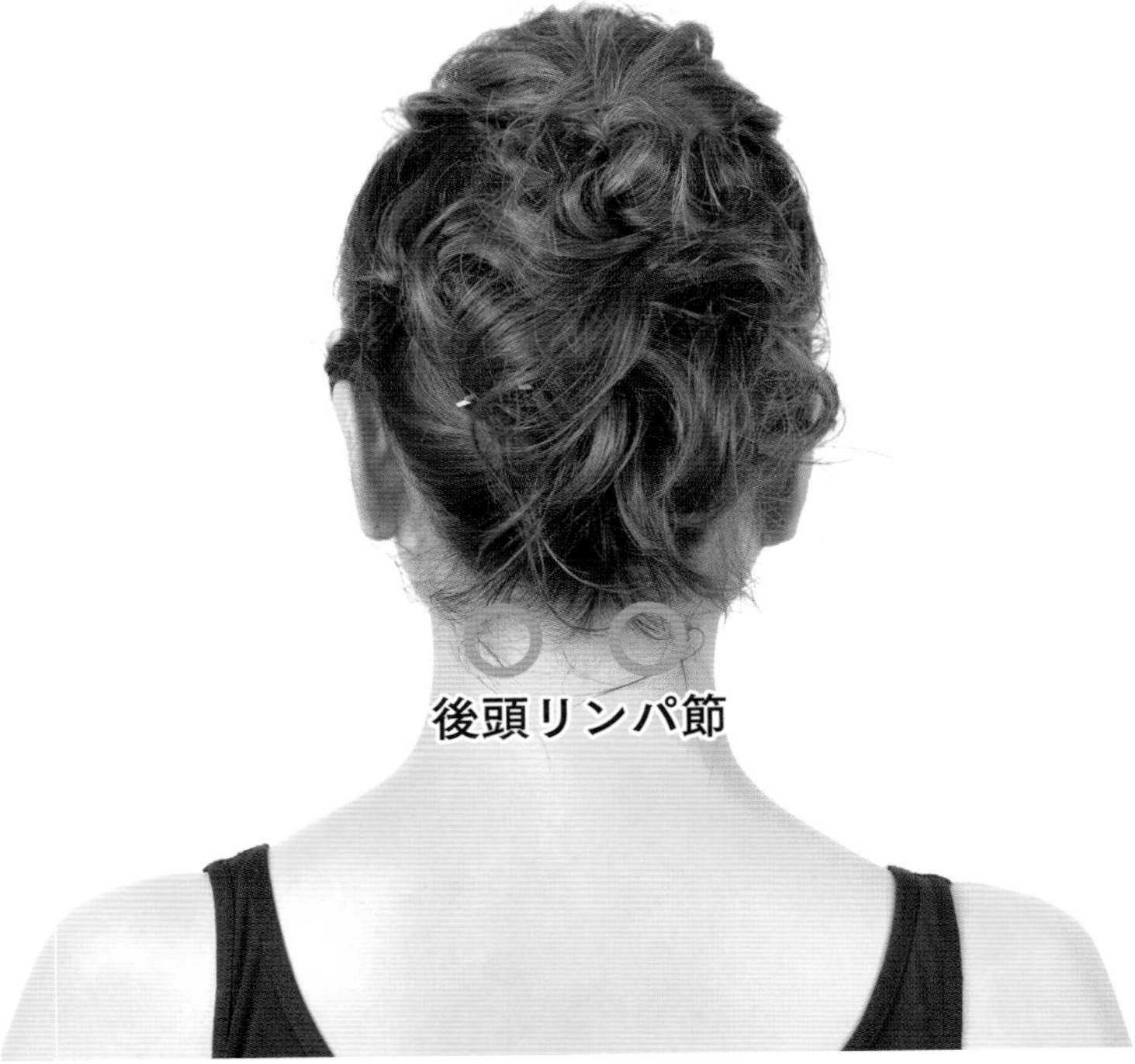

1
後部リンパ節のツボを探します。くぼみがある所を親指で圧を入れて5回プッシュします。

※顔を上向きにした状態でやると、よりくぼみをしっかりプッシュできて効果が倍増します。

エピローグ　美も健康も、要の首をやさしくなでることがすべて

最後になりますが、リンパケアはどうでしたか？
実際にやってみると難しかったですか？

覚えるまでは大変かもしれませんが、
最初は皆さんわからない所から始まります。
何度も何度も繰り返して
ぜひ毎日5分続けてみてくださいね！

そして続けているうちに
リンパケアを体で覚えて、
本書を見なくてもできるようになったという日がきます。
洗顔の後、会社の休憩中になど
生活習慣の一つとして持続してできるようになると
第一印象もだいぶ変わり
あなたは健康と美しさを同時に手に入れていることでしょう。

エステティシャンとして働き、10年が経ち
いろんなお客様とお話をしている中で
夜勤が増えたり、休みがなかなか取れなかったりと、
働き方もずいぶんと忙しく変わってきたと感じています。

そんな中、突然WITHコロナと呼ばれる
想像もしなかったことが起こっている現代では
エステのような対面式の接客に抵抗のある方も増えています。

おうち時間も増える中、エステに通う時代から
自分でできることはする時代に変わりつつあるように感じます。
これからは、自分の健康や美は自分で守れたら心強いですよね！

当初、本書の出版目的は、エステのお客様からの
忙しくて通えない、遠くて通えない。

でもこの効果を持続させる方法を何か教えてほしい、
という声がきっかけでした。
しかし新型コロナウイルスの影響で、突然の緊急事態宣言で自粛中、
お家にずっといて太ってしまった！　なんていう方も
これから始めても間に合いますのでぜひ試してほしいです。

お家時間のたった5分を
自分へのご褒美の時間に変えませんか？

私は人は何度でも変われると信じています。
家事や育児、仕事など忙しくて今まで諦めてしまっていても、
またきっかけがあれば、その時からキレイを手に入れられるのです！

これからの時代は、医療の技術もますます進化し、どんどん寿命が伸びます。
でもそれは健康寿命とは限りません。

病院のベッドで過ごすのではなく、
自分の足でしっかり立ち、元気な老後を過ごせるように、
そして健康で美しく、若々しく楽しい人生を送って頂きたい。
そんな思いから書いた1冊になります。

今あなたがどのような生活習慣で過ごすのかで、
未来のあなたが変わるのです。

1日たったの5分。
その毎日の積み重ねで変わるリンパマッサージをきっかけに
ベストな自分を常に自分自身で作り上げ、
幸福感に満ち溢れた人生を歩んでいけますように…
これからも発信し続けていきます。

最後まで読んで頂き、ありがとうございます。

木村《きむら》 沙織《さおり》

S@O 代表

１９８３年５月19日 北海道松前町で双子で生まれ、高校卒業までは北海道で過ごす。

エステの資格を取得しようと２００９年、東京にある国際エステティック認定校にて、ボディーセラピーの資格を取得。

その後、リンパの大切さを知り、リンパダイエット、リンパリラクゼーションの資格を取得。

さらに体のことを追求し、美容治療院にて整体や骨盤矯正を学び、その後、自律神経にアプローチするルクセーヌの資格を取得。

「ボディーセラピー」「リンパ」「整体」「自律神経」の４つの技術の即効性のあるものだけを組み合わせた独自の手技により、寝ているだけで、疲れにくい体質改善へ導くダイエット方法を生み出す。

忙しくてなかなか通えない、遠くて通えないとの多くのお客様の声から、エステに通わなくても場所を選ばず簡単にできるリンパケアの方法を研究をし、その方法として本書の出版に至る。『S@Oセルフケアーサロン』を通して老後まで健康で豊かに過ごせる方々を増やしたい！という思いから美と健康を通して社会貢献ができるサロンを目指し努めている。
http://www.sao-japan.com

また、地元北海道松前の観光大使として、松前町長から双子の妹、香織とともに任命され、現在は、美容分野にとどまらず、地域貢献の活動にも取り組んでいる。
http://www.sk-twins.com